情理智中

尹超◎著

北京大學出版社
PEKING UNIVERSITY PRESS

图书在版编目(CIP)数据

情理智中/尹超著. —北京：北京大学出版社，2016.6
ISBN 978-7-301-26542-0

Ⅰ.①情… Ⅱ.①尹… Ⅲ.①小学教育—文集 Ⅳ.①G62-53

中国版本图书馆 CIP 数据核字（2015）第 266422 号

书　　名	情理智中 QING LI ZHI ZHONG
著作责任者	尹　超　著
责任编辑	高桂芳　屈　澈
标准书号	ISBN 978-7-301-26542-0
出版发行	北京大学出版社
地　　址	北京市海淀区成府路 205 号　100871
网　　址	http://www.pup.cn　　新浪微博：@ 北京大学出版社
电子信箱	zyjy@pup.cn
电　　话	邮购部 62752015　发行部 62750672　编辑部 62754934
印 刷 者	北京宏伟双华印刷有限公司
经 销 者	新华书店
	730 毫米 × 980 毫米　16 开本　15 印张　233 千字
	2016 年 6 月第 1 版　2016 年 6 月第 1 次印刷
定　　价	39.00 元

序

让教育传递人性的温暖

很多年没有畅快淋漓地在短时间内完整读一本书，但尹超的这本教育随笔确是例外。为探究尹超钟情于北大附小的点点滴滴，很快读完了她的文稿。与其说是在读书，不如说是在听尹超娓娓道来她的教育理想，她几十年沉浸于北大附小的所思所想。

初识尹超，听她讲述北大附小的历史，畅谈附小的改革和未来发展蓝图，可以深切感受到，这里的一人一物、一草一木无不饱含着她的深情。尹超心系附小孩子的快乐成长、牵挂着教职工的职业发展与生活冷暖、钟情于附小事业的长远发展。有人曾跟我说，尹超做人、做校长做出了境界，相识她的人几乎无一例外地喜欢她、欣赏她。这点我毫不质疑。听尹超谈工作、谈附小，我也常常为之浸染，她的热情和对附小的热爱，催生我对附小的了解和喜爱。

从文集中，我感受到尹超是一位有大爱的校长。小爱启智，大爱育人。循性而育、因材施教是中国几千年传统教育文化的精华，快乐学习、健康成长又是现代教育的重要内容。新中国成立以来的教育实践中，我们培养了大批有才能的学生，但同时暴露出在人的个性化教育、创造性培养方面的不足，这是应试教育的副产品，也是现代教育所面临的重要命题。从北大附小的教育实践和尹超的教育思想中，我却看到了这种循古与现代结合的深度与广度，把学生当做富有生命活力的个体，因材施教，传授知识的同时，特别注重学生品质的培养和习惯的养成。在基础教育阶段，尤其是在追求分数和学校等级的大环境下，能够始终坚持把人的培养放到这么重要的地位来看待，这就是一种大爱。这点从她的这本文集中体现得淋漓尽致。尹超不是“为了做教育而做教育”，她很少跟北大附小的孩子和老师们强调学习成绩，也从不对他们排名。在她眼里，每一个个体都值得欣赏和尊重。她推崇“快乐教育”，冰心老人的那句“专心地学习，痛快地游玩”中的“玩”字是尹超阐释最多的，也是附小实施爱和自由教育的最生动体现。尹超常说，学习和游玩不仅是孩子的专利，它同时也是教师的权利，是所有教育工作者的权利。她希望并倡导在附小这片沃土中，全体师生能够实现自由快乐成长。为实现北大附小的育人目标，尹超克服阻力，积极推动北大附小的课程改革，创建了充满北大附小特色的生命发展课程体系。

老校长蔡元培先生执掌北大时，曾提出“循思想自由原则，取兼容并包主义”的教育理念，创造了中国现代大学繁荣发展的时代。如今的北大附小不仅较好地实践了老校长“思想自由，兼容并包”的教育思想，还将北大精神融入附小的文化建设中。尹超爱才，发现好的教师苗子，她会不遗余力地揽入附小教师队伍。为了引来或留下优秀的教师，尹超和附小老师们之间流传着若干动人故事。在教育管理上，尹超拥有较高的管理智慧，虽任校长多年，但她从未显露过咄咄逼人的权威，面对不同需求的教师和学生，她如同演奏钢琴般一次次巧妙化解危机，赢得了附小师生的高度信赖。尹超的全局视野、侠义担当、率真性情，让附小不仅成为传播知识的摇篮，还让这里的教育传递着人性的温暖。如今的北大附小处处浸润和传扬着北大的精神，古朴与纯真、历史与现代相协相融的文化特色在这里共生共荣。

与尹超交谈，始终能让我感受到她的谦逊与随和，读尹超文集，亦能感受到她做教育的大气魄。这本书展示出了尹超的教育情怀，尹超的教育思想有待我们细细挖掘和品味。可以说，尹超成就了今日的北大附小，期待并祝愿她带领团队为北大附小事业发展再铸辉煌，为中国基础教育改革创造奇迹。

高松教授 高松
中国科学院院士
北京大学副校长兼教务长
2016 年 5 月 18 日

目　录

第一章 放飞理想，共同成长

第一节
教育思想全体会

为了爱和自由的教育[①]

教育的本质到底是什么？

一千个读者心中有一千个哈姆雷特，教育的本质是什么的确是一个难以回答的大问题，但我们觉得“爱”和“自由”一定是最接近教育本质的两个词汇，因为“爱”给教育提供了支撑的基础，而“自由”则给本就针对个体的教育提供了个性发展的空间。

在北大附小[②]，“爱”和“自由”，不仅是蕴含于学校文化中的历史传统，而且也是融汇在师生血脉中的人格精神。“爱”和“自由”，不仅是我们勤奋耕耘的土壤，更是我们赖以生存的空气。

北大附小建立于 1906 年。在一个多世纪的成长与发展中，北大附小潜移默化地传承着北大“思想自由，兼容并包”的文化精髓，努力播种着每一颗进步、创新的种子。在北大精神浸润下的爱与自由，是意义丰富、深远的。爱，是一切教育的灵魂。没有爱就没有教育。爱，既是一种素质，也是一种能力，它需要我们细心去感受，用心去传递。而自由，不仅是尊重孩子，也是尊重生命，它意味着以无限的可能性看待孩子，以不断成长的生命态度对待孩子。爱和自由，其实就是给师生充分的关爱、呵护、欣赏和信任，让他们在

① 摘编自《为了爱和自由的教育——尹超与北京大学附属小学·序》。

② 全称为“北京大学附属小学”，本书一般简称“北大附小”（编者注）。

宽松、惬意的环境里专心地学习，痛快地游玩。

可以说，“专心地学习，痛快地游玩”，就是我们教育实践中最珍贵的传统，是北大附小爱和自由最生动的体现。“专心地学习，痛快地游玩”并不只是学生的权利，它也是教师的权利，是所有教育工作者的权利。在这里，老师们全身心地投入教学，把自己的智慧和心血毫无保留地献给孩子。孩子们在专心地学习的同时，依然能保持天性不变，在痛快的游玩中享受童年，珍藏童年。

顺其性，驰其想，让小学生活向童年靠近

北大附小自编的“教育三字经”中有这样一句话，“顺其性，驰其想”，指的是要顺应天性，因材施教。那么，什么是顺应天性，因材施教？在北大附小，我们从孩子的天性和个性出发，对校园环境、学校课程、德育活动都进行了详细的改造。

首先，孩子的天性就是玩。熟悉北大附小的人都知道，我们这里有一座历史古建，名叫王家花园。王家花园始建于清朝，是一座典型的中式庭院。他曾经的主人王世襄，是中国著名文物及传统文化专家，同时更是一位“玩出了名堂、玩出了绝学”的鉴赏大师。2003 年，王世襄先生为这座老屋题写了对联——“名曰花园种菜范匏还架豆，号称学子遛獒放鸽更鞲鹰”，勉励北大附小学生在玩中学、学中玩。很多年过去了，王家花园雕梁画栋，花木环绕，孩子们在其中欢乐地游玩、嬉戏，这座古宅以及王世襄先生传奇的一生都给师生们带来了深深的影响。

孩子是爱玩的，同时也是蓬勃生长、充满生命气息的。基于这样的认识，我们在校园里保留了满眼的绿色，以古树为背景，以姹紫嫣红的鲜花为点缀，以增添无穷的的欢悦气氛。北大附小保存有古树 257 棵，其中有很多是国家保护植物。2004 年，在学校新楼建设的整体规划中，我们提出新学校依树而建的思路。生态楼从破土动工，到雄伟崛起，我们自始至终没有丢弃、损害一颗古树。生态楼建成之后，苍松翠柏相互掩映，给老师和孩子们提供了宁静、安全的精神栖息场所。

除了呵护青葱的古树，我们在校园里还设计了假山、喷泉、溪水。在学校阳光大厅的正中央，有一处景观是古松依偎、山石环抱，中间一汪泉水静静地流淌。天气转暖的时候，水中还有鱼儿游来游去。这一美景吸引了很多天真可爱的孩子。每当课间休息时，孩子们总是喜欢在有水的地方玩耍，水的灵动滋养了他们的童年。

为了顺应孩子们的天性，我们在课程设置中也大胆变革，把学科类课程向活动类课程大量倾斜。2011年，北大附小参加了北京市自主排课实验，在这项实验中，我们打破国家课程的统一步骤，大幅度地增加了“体育、艺术、科学、综合实践活动”课时。现在，北大附小的孩子，平均每天一节体育课，加上每天的体育活动锻炼，孩子们享受阳光体育的时间差不多有两个小时。艺术也是如此。在我看来，艺术就是孩子们体验童年最美妙的方式，孩子们的丰富和灵动、天性和创造，很大程度上是通过艺术活动展现出来的。北大附小每年都会以挂历的形式出版孩子们的美术作品集。在2012年新春挂历的封面上，有一幅画是这样的：阳光下，不知名的花朵相互依偎，各自朝着阳光茁壮成长。作品的左下角，九岁的作者吕静茹还为图配文：“不一样的花朵，不一样的美丽。”如此拙朴中带着灵气，简单中蕴含深沉，给大家带来了深深的震撼。

孩子们的天性是爱玩的，但如何引导他们在玩中学、学中玩，并且在玩的同时给他们最有价值的教育？带着这个问题，我们进行了一系列的思考和实践。

北大附小的“趣味经济学”课程，一直是孩子们津津乐道的课程之一。小学开设经济学有必要吗？孩子们能听得懂吗？课程开发之初，不少人提出质疑。然而，当我们考察国外的教育时才发现，开设儿童经济学，已成为国际流行的一种趋势。当前，为了培养有明智决策力的公民，西方发达国家都在纷纷开设儿童经济教育。美国是最早把经济学纳入学前、初等和中等教育的国家，而英国、法国、日本等国家，都在小学社会课程中纷纷增设了经济学的内容。

不仅如此，在对国外学校的交流访问中，我们也发现，发达国家的基础教育，往往不只是关注知识、能力和创新精神，更重要的还有生活教育，比如给孩子一些终身受用的东西——对生活的热爱，学会选择和放弃，学会辩证地思考问题等。确立了这样的理念，我们从2006年起，陆续选送了校长助理高晨、英语教师刘佳到美国学习，专门进修教育经济学硕士课程。她们把经济学知识融入学生的日常生活经验中，开发出了一系列寓教于玩、寓教于乐的方式，如“以儿童文学作品教授经济学”“教室里的迷你经济活动”“橡皮泥经济学”等，深受孩子们的喜爱。

为了顺应孩子们好动和喜好探究的天性，我们还特别开发了智能机器人课程。北大附小是北京市最早接触智能机器人项目的学校。最初，智能机器人项目是以课外兴趣小组的形式开展的，到2007年，我们正式把它纳入学校课程体系。2011年，借助学校自主排课的契机，我们再次加大了智能机器人课程的广度和深度：在课时上，由原来的常规课时变为现在的90分钟大课时；在授课对象上，由原来的三、四年级变为所有年级；在专用教室安排上，由原来单个的机器人活动实验室变成现在两间并驾齐驱的机器人专业教室。十多年来，北大附小代表海淀区、北京市、全国参加各级各类智能机器人竞赛，荣获国家和世界级金奖上百次。

不趋同，不媚上，在校园里深耕民主意识

很多人都说北大附小是与众不同的。我认为，这个不同，主要来自它的文化基因。北大附小是从北京大学这个母体孕育出来的，它与生俱来的特立独行、卓尔不群的气质会带给师生们潜移默化的影响，并浸润着他们的思想性情、行为举止。北大附小的学生家长大多是北大的教授，其中还有一些家长是我国当前思想文化界的领袖人物，他们素质很高，视野开阔，见识敏锐，开明开放。孩子们成长在这样的环境里，耳濡目染，也养成了天性自由、奔放洒脱的品质。

这个品质是非常宝贵的，反映到学校的整体文化中，就是不趋同、不媚上。不趋同，就是每个人都有独立的思想，能对事物做出独立的认识和判断，既不屈从，也不盲从。不媚上，是每个人都有独立的人格，既不刻意地取

宠于别人，也充分聆听别人的想法、看法。不趋同和不媚上是紧密相连、不可分割的，只有思想独立了，人格才能独立。

为什么北大附小会产生不趋同、不媚上的学校文化？这与北大自由民主的风气是分不开的。我常常跟老师们说，很幸运自己能在北大附小工作，因为这里是难得的民主、开放的教育平台。北京大学是学者治校，无论是校长、书记，还是其他的专家教授等，都丝毫没有官气。

正是这样相互间的理解与包容，让我们也不知不觉地养成了民主平等的思想和意识。北大附小的老师不怕校长，学生不怕老师。孩子们有想法就表达，老师们有意见就提，不会有任何顾虑。在北大附小，老师们从不习惯对领导使用“官称”，也用不着看别人的“脸色”工作。在我们这里，任何人都有快乐的权利。

我们把民主的意识扎根在课堂，每位老师便孕育出自己的教育思想。语文课上，贾宁老师带领孩子们学习古诗文，他认为不同的文章也有不同的学法，如李白、杜甫之诗，气象开阔，一定要高声朗诵才能领略其雄伟之概；又如韩愈、欧阳修之文，说理细密，一定要虚心涵咏才能探究其深远之韵。英语课上，范冰老师从语言与文化的立体认知出发，尝试用情感激励、魅力游戏、策略教学三大方式带领孩子们亲近英语学习。数学课上，打破常规的创意教学就更多了。有一次，数学老师李正辰带着孩子们自习，忽然，窗外秋风四起，漫天的红叶从天空飘落下来。李正辰看到这样的景象，便毫不犹豫地冲出教室，带领孩子们一起欣赏秋天的美景。红叶知秋，在李老师看来，这样的人生大课比教室里的学习有价值多了！

我们把民主的意识扎根在学校，师生之间、校家之间的关系便美妙起来。李宏娟老师曾给我讲过一个有趣的故事。对于二年级的小猛来说，他最大的梦想就是做班主任李老师的男朋友。当李老师问他为什么想做她的男朋友时，小猛很认真地说：“因为我上课总是走神，您都没有在同学面前批评过我，总给我留面子——我想，你也喜欢我！”言语中折射出师生之间的美好与信任。

在自主排课实验中，关于北大附小的国学课程应该怎么规划、怎么设计，为了征求大家的意见，学校召开全体会议，共同协商讨论。在讨论的过程中，有老师主张效仿南怀瑾先生进行经典诵读，也有老师主张回到传统，琴棋书画全面铺开，还有老师主张参考“育灵童”等既有国学教材，一边学习，一边打开思路。然而，就在大家分头行动、广泛搜集国学材料时，不同的声音出现了：“国学的内涵和外延极为宽泛，精华与糟粕共存，我们如何判断、筛选？难度很大。”“现在的小学生学习《论语》《大学》，晦涩难懂不说，作为老师，我们自己都没读过‘四书’‘五经’，就这样囫囵吞枣地教育孩子，这简直就是误人子弟呀。”老师们的意见一个比一个尖锐，尽管国学课程的计划已经上报，尽管上级领导心存很高的期望，最终，我们还是心平气和地放下了，以等待时机进行更有准备的研究。

不趋同、不媚上，是不是意味着可以以民主的名义，肆无忌惮地表达自己，而毫不关心别人的态度？答案当然是否定的。民主与平等可谓一个硬币的两面，我们在思考如何表达自己的同时，也要做到真诚相见、坦诚相待，真正为自己的言行负责。

兼包容，主开放，让师生畅享自由的呼吸

包容与开放也是北大附小的品质。

包容的前提是尊重。“爱人者，人恒爱之；敬人者，人恒敬之。”尊重他人，是一种非常了不起的品质。尊重他人，意味着发自内心的理解、欣赏和接纳，真正的尊重是不存偏见，敞开怀抱容纳不同的个性以及个性化的生活方式。

北大附小的舞台是对每个人都开放的。在这个舞台上，每个人的付出都会受到尊重，每个人的才华都会得到欣赏。新学期以来，学校国旗下讲话的主角已经由能文善墨的语文、数学等任课教师，推广到学校保安、保洁员、食堂大师傅了。每周一的升旗仪式上，他们以身说法，侃侃而谈，亲自给孩子们示范着美的教育。

包容的条件是真诚。北大附小的真诚是不设防的。真诚不是搞仪式、讲排场，而是推心置腹，把心里话、家常话，放心大胆地跟别人倾诉。教育部

的领导来视察了，北京大学的校长来学校指导了，我们从来不会兴师动众。老师们行动如常，孩子们欢笑如常，只有我带着一两位行政领导，迎来送往，真诚交流，敞开心灵，真情对话。

包容的艺术是化解。善于化解，往往是一个教师最重要的素质之一。前天中午，我路过学校操场，一位二年级的“小豆包”气呼呼地跑过来，说：“校长，四年级的大哥哥也太让我生气了。不带我玩就罢了，还骂我滚蛋!”我扑哧一下就笑了，对他说：“男子汉，大豆腐，让咱滚咱就滚，有什么了不起的!”我刚说完，“小豆包”的表情立刻多云转晴了。这时，我再走到他跟前，轻声对他说：“别生气。你的那位大哥哥没准今天挨老师批评了，你叫他玩，他正好在气头上呢。你不是他的好朋友吗，好朋友之间要相互理解、相互包容。”听完我的话，“小豆包”心结全无，蹦蹦跳跳地就走了。在这里，“化解”很巧妙地消弭了“告状”的纷扰。

北大附小是一个开放的学校。开放，说的是我们的大课堂、大团队、大视野。大气相融，形成了开明开通的大气象。

我们提倡课堂是一个多元思想相互激荡的文化思想领地。在这个课堂里，既有基本知识体系，又有弹性发展空间；既有人文素养的书香浸润，又有科技创新的思维引领。这样的课堂，是一个打破规矩、创造精彩的课堂。现在，我们正努力践行一项综合课程改革，具体要求就是把北大教授纷纷请进课堂，进行前瞻的、全面的、综合的素养教育。

我们提倡团队是一个爱意融融的大家庭，大家取长补短，积聚活力。北大附小有一个具有充分异质性的团队，它有三个鲜明的特色：第一，男教师多；第二，高学历人才多；第三，非师范类科班出身的教师多。如我们的校长助理高晨老师是经济学专业出身，以前的工作背景是企业管理。我们的另一位校长助理庄严老师，以前的工作与小学教育也不相关，是教育科学出版社的专职编辑。我们从文工团引进的舞蹈老师、从新东方教育集团引进的英语老师，他们都不是师范的科班出身，如今却在各自的岗位上大放光彩。

我们提倡视野是一种着眼全球的行动意识。近年来，北大附小的国际交流事业蓬勃发展。目前，我们已与美国宾州大学教育学院、加拿大圣乔治学校、日本岩手大学附属小学、韩国首尔大学附属小学、新加坡公教中学附属小学、美国长岛公学、美国 GKE 国际教育公司等近十多个国家和地区的学校建立了友好学校关系。每年,北大附小有五百名师生远赴国外进行学习交流,学生的足迹遍布四十多个国家和地区。

我希望北大附小是一个快乐的地方。在这里,老师和孩子们都没有包袱,专心地学习,痛快地游玩。我希望北大附小是一个真正实现民主和平等的地方。在这里,每个人都有自己的追求,每个人都有享受生活的权利。作为校长,我把点燃老师和孩子们的希望和梦想看作生活最大的动力。我真诚地期望,在爱和自由的阳光下,我们这里的每一个人都能健康、幸福、卓尔不群、充满魅力!

六十年，文化“筑梦”[①]

尊敬的各位领导、各位来宾、亲爱的孩子们：

大家下午好！

初夏时节，生命绽放，紫藤飘香。值此欢乐祥和的日子，北京大学附属小学迎来了校名变更、校园迁址六十周年纪念。在此，我谨代表北京大学附属小学，向各位领导、校友及嘉宾的到来，表示最热烈的欢迎和最诚挚的感谢！

举办这样的大型活动，不仅是为了寻觅附小六十年来的文化踪迹，也是为了怀念、追忆曾经美好的师生情、教育梦。我们力图以“筑梦”为题，以北大附小八字校风“快乐、进取、儒雅、大气”为四个篇目，用独特的视角、艺术的演绎，来诠释我们“五彩多元”的办学理念和育人梦想，重温我们构筑梦想的足迹，表现我们丰富多彩的学校生活。我衷心地祝愿这次活动圆满成功，希望我们的孩子能在这方沃土之上，快乐驰骋，放飞理想！

让人特别感动的是，对于这次活动，我们还特别收到了中共中央政治局常委、国务院总理温家宝的特别祝贺。他老人家不能在百忙之中亲临现场，但为我们全校师生亲笔题写了贺词：

老师们、同学们：

来信收读，情真意切，深受感动。开展校园变迁文化寻根活动，对于传承历史优秀文化，推进新时期学校改革和发展具有重要意义。我衷心祝愿学校越办越好，老师们不断进步，同学们天天向上。

此致

敬礼！

温家宝

让我们用热烈的掌声对温总理的祝福表示衷心的感谢！

让我们预祝演出圆满成功！谢谢大家！

---

① 本文为2012年校园迁址六十年纪念致辞暨总理的祝愿。

一年之计在于春①

同学们好！告别愉快的寒假，我们满怀新的希望迎来了生机勃勃的2011年。春天已悄然来到我们身边。春季是播种的季节，只有用辛勤的劳动播下希望的种子，才能收获丰硕的果实。

为了让我们共同的梦想变为现实，在这里，我代表学校给同学们提几点要求和希望：

一，养成良好的行为习惯，做快乐进取、儒雅大气的北大少年。这学期，学校仍将加强行为习惯的养成教育，希望大家秉承北大附小的优良传统，学会尊重别人、欣赏别人，学会自我管理、自我约束，做讲文明、懂礼貌的好学生。

二，养成坚韧的意志品质，做脚踏实地、勤奋耕耘的北大少年。前不久，我看到这样一个故事。在北欧某国，一位朋友对5岁的孩子发出由衷的赞美："你长得真漂亮！"不料孩子的母亲竟严肃地要求这位朋友向孩子道歉。因为，在她看来，聪明、美丽这些特征都是先天的，而对孩子来说，最弥足珍贵的是勤奋、努力这样一些后天养成的意志品质。我希望我们大家都树立这样的思想，用努力和勤奋创造属于自己的精彩人生。

三，积极参加课外活动，做博学多才、创新善思的北大少年。这学期，学校将一如既往开设很多有意义的社会实践活动，希望大家投身丰富多彩的社会大课堂，通过亲身体验、亲自实践、亲手探究，养成热爱学习、热爱生活的好习惯。

四，广泛阅读课外读物，做学识丰富、博览群书的北大少年。博览群书，终身受益。人的精神成长大多都是从阅读开始的。希望大家利用在学校的

① 本文为2011年春季开学典礼致辞。

宝贵时间，读经典的书，做对社会有用的人。

同学们，春天是千帆竞发的好时节，春天是百舸争流的好时光。让我们一同以春天的名义播下成功的种子，在新的学期里不断进步，再攀高峰！

谢谢大家！

哈佛的灯光[①]

尊敬的老师们,亲爱的同学们:

大家早上好!

带着对暑假生活的美好记忆,怀着对新学期新生活的美好向往,我们又回到了宁静的校园。今天,我们齐聚一堂,齐聚在庄严的国旗下,进行新学期开学典礼。首先,让我们以热烈的掌声欢迎一年级350名新同学的到来,欢迎他们成为我们新的伙伴!

刚刚过去的一个暑假,是非常充实而有意义的。暑假期间,北大附小童声合唱团赴奥地利参加2012年维也纳青少年艺术节,获得合唱比赛金奖第一名!同时,北大附小机器人小组参加全国青少年机器人创意竞赛也获得金牌!在此,让我们对他们的成绩表示热烈的祝贺!

新的学年,孕育着新的希望和憧憬。我们每一位老师与同学经过暑假的休息与调整之后,又满怀信心地站在新的起跑线上,为有意义的人生而全心投入、努力奋斗。昨天,当我在准备新学期工作时,有一篇名为《哈佛的灯光》的文章深深地打动了我。

哈佛是诺贝尔奖的摇篮,是人类知识的圣殿,而只有到了哈佛的人才知道,真正的精英并不是天才,而是要付出更多努力的人。在这篇文章中有两张图片,展现的是凌晨4点的哈佛大学图书馆里,灯火通明,座无虚席。图片配文这样写道:哈佛是一种象征。人到底能发挥出怎样的潜力?人的意志、人的才情,为什么能在哈佛兑现?哈佛的学生餐厅,很难听到说话的声音,每个学生端着披萨坐下来后,都是边吃边读、边做笔记。哈佛的医院,同样地宁静,同样不管有多少在候诊的人也无一人说话,无一人不在阅读、记录。餐厅、医院,都像是图书馆的延伸。哈佛校园里,不见华丽服饰,不见浓妆异

① 本文为2012年秋季开学典礼致辞。

彩，不见轻浮晃荡，只有匆匆的脚步，坚实地写下人生的篇章。

看完这篇文章，真是感觉哈佛的学生太苦了，但是他们明显是乐在其中。是什么让哈佛的学生以苦为乐呢？我的感觉是，他们对所学领域有着强烈的兴趣。还有一点，就是哈佛学生心中燃烧的要在未来承担重要责任的使命感。从这些学生身上，你能感到他们生命的能量在这里迸发了出来。

在哈佛，不仅学生有压力，教师更是如此。哈佛的课堂，要求老师讲的东西都是避旧趋新的。老师每年讲课的内容都要跟随前沿科学发展变化。也因此，哈佛的老师必须处在最前沿科学的研究阵地。老师们首先应该是学者，能享受挑战和创新的乐趣，能与别人进行有说服力的交流。

作为闻名于世的学府，哈佛大学给我们传递着勤奋、努力、创新的精神和理念。北大附小是一个有着百年历史的校园，在这里，“专心地学习，痛快地游玩”是我们的校训，也是每个师生的座右铭。我希望我们也能向伟大的学府学习，不管是学习还是工作，都有专心的态度、刻苦的精神，积累起对知识的无穷兴趣，痛快地学习其中、钻研其中，从小养成远大的抱负和崇高的使命感。在新的学年里，我希望北大附小的每一位学子，都能秉承学校的优良传统，牢记冰心奶奶的十字箴言[①]以及“快乐、进取、儒雅、大气”的八字校风，珍惜童年岁月，放飞远大梦想，博学善思，心怀感恩，善于创造，学会做人，用高尚的情操和健全的人格迎来明天新的篇章！

---

① 即“专业地学习，痛快地游玩”(编者注)。

愿你们的生活充满阳光①

亲爱的各位老师，同学们：

大家好！

经过了一个暑假的休整，我们迎来金秋九月，迎来了又一个美丽如画的收获季节。秋风送爽，桂花飘香。孩子们，不知不觉中，你们已经长大成为一年级的小学生了！在此，我谨代表北大附小全体师生，向新报到的386名小朋友，表示热烈的欢迎和诚挚的祝贺！

亲爱的孩子们，从你们背上书包迎着太阳走向学校的第一天开始，你们一生中最美好的时光就开始了。小学生活之所以值得向往，是因为你们会学到很多受用一生的品质。这些品质并不只是来自巍巍的知识殿堂，还会来自我们操场上、走廊边的场地里。

作为北大附小的学生，校长希望你们养成公正、善良、勇敢、忠诚的品质，通过自律与服务他人，赢得亲人、同学、朋友的爱戴与尊重！希望你们永远记住两句话：责任心，迈向成功的起点；好习惯，快乐成长的阶梯！祝愿你们沐浴北大附小的光华雨露，在这块育人的沃土上，专心地学习，痛快地游玩！愿你们的小学生活充满阳光，充满幸福，充满快乐！

北大附小是一所历史悠久的名校，我们这里有着许多优秀的老师，为祖国培养出了成千上万的栋梁之才。孩子们，来到这里，你会发现，你身处一个民主、和谐的小社会，有很多历史名人为你引路，有很多有魅力、善良、聪慧的老师为你们的成长保驾护航。

孩子们，新的学年，我们又一次站在了新的起跑线上。此刻，我想大家的心情和我一样，充满了激情和斗志。暑假里，我们每位教师都对学校的发展进行了积极的谋划，现在，我想大家心里更多的是对自己本职工作的殷殷

① 本文为2013年秋季开学典礼致辞。

期许，和对“教育”这两个大字的崇高探求。

我相信，我们每一位老师，都会用满腔的热忱和努力，用无比的真爱与智慧，点燃学生的心灵，为他们插上腾飞的翅膀，让他们的生命之花绽放出夺目的绚烂！

老师们、同学们，小学生活是美好的，然而，这样的美好却需要我们每一位老师去用心耕耘，去细心呵护。在北大附小，我们倡导校园不仅是一个学知识、学本领的地方，还是一个播种文明的地方，一个放飞理想的地方，一个学会尊重与谦让的地方，一个化解冲突和表达爱的地方，一个用生命传递生命的地方。

最后，我想把寄语送给我们的老师，希望你们对孩子付出更多的爱心、更多的智慧、更多的包容。再过几天，就是教师节、中秋节了，我想把祝福送给我们的老师。值此双节到来之际，衷心祝福我们的老师节日愉快，合家欢乐，生活幸福！让我们一同守护这块育人的沃土，让我们一起带着孩子快乐健康地成长！

谢谢大家！

第二节
在文化的沃土上播种希望

北京大学附属小学的前身是京师大学堂附属高等小学堂，始建于1906年。学校占地面积24 800平方米，校园内松柏苍翠，古树参天。一栋呼吸着时代气息的新世纪生态教学大楼，与我国著名历史学家翦伯赞生前居住过的欧式别墅，及中国传统特色的明清建筑——著名文物及传统文化专家王世襄的宅子交相辉映。北大附小栖身于北京大学校园之中，耳濡目染北大的风气，坚定不移地秉承北大思想自由、兼容并包的学术精神，力图以美丽沉厚的文化浸润，快乐和谐的课堂学习，民主开放的学校管理，养成学生求真、求善、求美的品性和能力。校园内，冰心老人的题词“专心地学习，痛快地游玩”已成为北大附小的校训和每位学生的座右铭。历史地理学家侯仁之带给了学生真诚的祝愿：“愿孩子们在花园式的校园里茁壮成长。”著名作家袁鹰的题词“乳燕初飞”，展示了北大附小的勃勃生机。国学大师季羡林的亲笔题词“放飞理想”则让孩子们看到了对未来美好的憧憬。

文化是学校的生命。对于北大附小来说，这种文化源于一百多年前北大历史文化的开掘与传承，源于从儿童视角对北大文化的改造与创新。在这种文化的传承、创新、发展中，北大文化所独有的“民主”“自由”“开放”在这里深耕播种。与此同时，属于孩子们的“童心”“童趣”“童乐”也在这块圣地扎根，现在，古朴与纯真、历史与现代相协相融、共生共荣的文化特色在这里绽放出迷人的光彩。

一、“自由民主，快乐为上”的办学思想为学校文化定格

受北京大学源远流长的文化熏陶，北大附小几十年来一直重视全人教育，在办学思想中十分重视人的自由和谐、完满发展。近年来，北大附小在

继承发扬自身先进教育理念和光荣传统的基础上，紧跟北京大学“建设世界一流名校”的发展目标，提出并确立了北大附小“以人为本，快乐和谐发展”的办学理念。而尤其引人注目的还有两个关键词：自由民主，快乐为上。

自由民主，是要在学校发展的一切工作中，真正摒弃以“管束、利用、改造”为主的管理理念，树立以“尊重、关爱、发展”为主的理念，一切从师生的成长、生活需要出发，从人的自由、民主、发展的愿望与诉求出发，对人的生命予以尊重，对人的天性予以敬畏，对人的权利与价值予以理解和认同。

我们所倡导的快乐，是把培养学生健全的人格、阳光的心态放在教育的首位，让师生的生活充满朝气，让大家对自然和人类充满善意，追求进步，向往光明，自信而乐观地面对生活的困难与挫折。快乐虽不是健康与智慧，但它却能助长健康和智慧。强调快乐，是让老师们摆脱生活的忧愁和烦恼，让他们掌握通往幸福的钥匙，做自己情绪的主人。

“自由民主，快乐为上”，是北大附小基于对生命价值、儿童天性、历史传统的认识来确立的，它是北大附小生生不息的精神之魂。自由民主，意味着尊重生命，以人为本，遵循人的需求和发展；快乐为上，意味着呵护童年，尊重孩子的天性，尊重历史，继承民主与科学的传统，把和谐完满发展当做最终的目标。自由民主，快乐为上，是互补的、统一的，它们都指向最终的目标——为孩子的终身幸福奠基。

二、从历史深处走来的景观文化

走进北大附小的校园，随处可见名人古迹。这些历史与自然相得益彰的景观文化给北大附小镀上一层丰富、沉厚的唯美之质。北大附小地处清代“王家花园”，树木繁茂。目前，我们的校园内拥有 25 个品种的 242 棵老树，其中百年以上的国家二级古树有五十多棵，还有四百多棵绿竹，十多棵龙爪槐和玉兰树，以及大量的珍珠梅、榆叶梅、金银花、迎春花、红瑞、连翘、大叶黄杨等灌木。

从 2004 年开始，我们对 50 年未变的北大附小的校园进行了整体规划和彻底改造。在规划建设中，我们对校园的景观文化进行了深刻剖析，新教学楼的美学设计也充分地与北大青灰古朴的色彩相融，体现一脉相承的特点。另外，为了保护好珍贵的古树，我们又开创性地提出了校园依树而建的思路。现在，两百多颗古树完好无损，假山、流水、红廊、喷泉交相辉映，翦伯赞、陈守一、何其芳先生的故居掩映其中，王家花园坐镇学校中央，……从历史深处洋溢的文化底蕴让人敬畏不已。每年新生入学，我们的第一件事就是引导学生认识自己的校园，认识校园里的植物，认识校园里的古建筑，通过对景观文化的深层感知，孩子们能于“有形”处受到“无形”的教育。

三、情感管理是制度文化特有的标识

我校一直实行以“人和”为主的宽松民主的管理模式，凝聚整个团队的，便是一个浓浓的“情”字。“人和”的本质，就是各种声音之间形成包容性、接纳性的理解。对于学校领导来说，要达成这样的理解，最重要的就是知人心、得人意、聚人气。我们坚持学校作为一个团队，每一份力量都是学校的主力。在这方面，校长力求以身作则，努力带头做到能吃苦、有胸襟，对部下能赏识喜爱，尤其关注教师心灵的成长、精神的诉求。

我们用情感管理来凝聚团队，相信彼此有了真情，大家就会在更多地产生的感动中形成一种凝聚效应。多年来，真情的牵系造就了甘于奉献、团结一心的团队，奏出了美好和谐的学校交响曲。品德课上学习“尊老爱幼话重阳”，在讨论如何给爷爷奶奶过节时，一个孩子说想给远在昆明孤身一人的爷爷打电话，任课老师当时便拿出手机拨通电话，祖孙两人的真情通话使全体师生热泪盈眶。而一位因故被我们劝退的老师，人虽然已离开了，但在给我们的信中无比留恋地说，在附小，她品味到了学校绝无仅有的关爱，享受到了人间独一无二的真情！

四、课堂文化的“学”“玩”合一

1991 年 12 月 11 日，著名教育家、作家冰心来到北大附小，为孩子们亲笔题词：“专心地学习，痛快地游玩”。冰心老人的题词意味深长，不仅代表着老一辈文化名人对北大少年的殷切希望，更是以简洁的语言道出了青少年学习、成长的真理和规律。这是对儿童天性的理解，对解放儿童天性重要意义的认识。

多年来，我们把冰心的题词奉为校训。坚持这样的校训，就是以爱与智慧为前提，以创新性的教学实践为手段，给孩子留下充分的“学”与“玩”的空间。为了实践这样的校训，我们对教学进行了大胆的创新，在情感与智慧上实践着双重的努力。

“打破规矩，自成方圆。”规矩是制度，比制度更灵活的是课堂和教学情境。课堂上，学生直呼老师的名号，无需举手就可以发表意见，可以和老师自由讨论甚至辩论，可以自由选择座位，……这一切，表面看来实在是“没有规矩”；然而，如果这一切能让更多的孩子积极参与课堂学习，让他们真正投入其中、乐而忘返的话，何乐而不为呢？在“没规矩”中学习，也许孩子们会和老师越来越融洽，课堂气氛会越来越好，课堂教学效果也会越来越“尽如人意”。

“巧设模型，深度探究。”科学课上，老师与孩子们一起探究，但对于复杂的科学现象、深奥的科学规律，老师如何帮助孩子理解呢？在“火山喷发”一课的教学设计中，北大附小的老师们用建立模型的方法还原了火山喷发的真实场景。这实际上就是科学家们对浩瀚的宇宙世界进行探究的方法，是养成孩子科学素养的重要策略。

“放下身段，师生同乐。”为了调动孩子们的积极性，老师们经常“放下身段”，与学生们转换角色。学校的范冰老师，被孩子们称为最“风流”的英语老师。她就像一位总制片兼明星女主角，常常带着各种道具，在不同的剧组里扮演各种角色。她常常用场景、动作和手势等很多花样教孩子们背单词，孩子们从来没有感到英语难学，相反，孩子们爱学、乐学，课堂里充满了欢声笑语。

五、全球视野，本土行动，课程文化的新跨越

我校的课程开发首先源于深厚的人文国学传统。随着教育现代化的深层推进，我们又把科学教育当作重头戏，实现了人文与科学的交融。本着扎

根传统,因地制宜的原则,我们开发了全面发展、特色发展相统一的四类课程,即基础学科拓展课程、现代科技应用类课程、经济学启蒙类课程和弘扬传统文化类课程。

近年来,我们从全球视野出发,立足本土实践,率先开设了一系列新的课程,如经济学课程等。在美国的中小学,经济学课程和正常的国文课程、数学课程一样,非常重要,也十分常见。经济学为什么重要呢?这不仅因为它是现代社会发展所需要的最基础的学问,而且还因为它的原理已渗透至生活的每个角落,包括孩子们生活的每个细节。然而,过早地让小学生接受经济学熏陶是否合适?2007年,北大附小大胆实践了这个设想。这一年,由校长助理高晨牵头,我校第一个经济学小组——"经济学联盟"成立了,成员包括3名本校教师、1名大学教师和15名对经济学有浓厚兴趣的孩子。学校根据小学生的心理特质精心编写了基本目标、教学内容和评价方案,每周两课时,从不间断。经过近4年的不懈努力,我们已有三届近80个孩子从经济学联盟毕业。他们在老师的引领下,积累了不少经济学常识,如"供给与需求""机会成本""人力资源""通货膨胀"等。老师们还通过生动有趣的游戏让孩子应用这些知识,将经济学原理与日常生活相融合。同时,学校还聘请了身为家长的北大经济学教授到学校开设讲座,受到了师生们的热烈响应。现在,经济学校本课程已成为北大附小理念最前沿、学生最喜闻乐见的课程之一。

六、情感濡化为德育文化注入生机

德育是学校精神文化的代表。它的核心价值在于塑造人、培养人、发展人。正因为此,它的春风化雨、润物无声的品质与审美是息息相通的。也正因为此,我们把"以美育德"当作学校德育实践的基本方式。在我校,以美育德的内涵是多方面的,有以美立德、以美养德,以美施德三个层次的内容。从具体实践而言,不仅有独具特色的北大文化,还有涵养性情的景观文化,以及丰富多彩的艺术活动。

作为德育实践过程的一种方式,"以美育德"实际上是以情感濡化为方式，其实质是文化育人。这种浸润式培养，将学生的认知、心智交汇于情感领域，通过情感上的认同来进行道德认知以及行为转化的培养。多年来，北大附小本着“以美育德、文化育人”的宗旨，对孩子进行全方位的感知与熏陶，学生的品行、习惯都得到了很好的养成。

学校文化是历史性的，也是现实性的。只有文化土壤丰富，学校才能汲取文化的甘泉，营造育人的沃土。一百多年来，北大附小在北大文化中孕育、成长，进入新世纪，如何延续这样的根脉，在时代的机遇与挑战中创新与发展自己、充盈自己，这是一项永不停歇的课题。

第三节 课堂里走出来的教育家

成长的力量，教育的召唤[①]

成长是人生中一件美丽的事情。教育是促进人成长的事业，对孩子是如此，对老师来说，亦复如此。

著书立说对小学老师来说往往是不容易的。在我看来，一位与学生朝夕相伴的老师，身上担负了太过繁重的教学任务，要独自写下皇皇二十余万字的研究性专著，这个过程几乎会是苦不堪言。然而，事实并非如此。他们还是如往常一样，课堂教学、听课评教、教育孩子，并在其中心有所思、意有所动，这些文字也即是在对这种细节的沉迷与思考中挥笔写下的。尽管也曾挑灯夜战，但从他们带有温度的文字中，我分明感到了一种十年积攒、锱铢以成的快乐。我相信这是成长的力量，也是教育的召唤。

著名教育家麦金泰尔曾说："教师是现代社会中的勇士。"这话是丝毫不错的。今天，我们的教育环境泥沙俱下，传统上尊崇信念、遵守常识的时代已经一去不返了。教师时常感受到世俗社会的功利与无奈，如何在课堂上勇敢地进行抵制，并对孩子进行策略性的教导，这种使命已变得愈发艰难。

事实上，教师的身份是一个困惑的存在。有些老师并不喜欢自己的工作。和有些职业相比，他们不仅待遇不佳，而且工作时间没有界限，沉重的课时和加班，各种非理性的制度要求，已让老师们疲惫不堪。面对此种情况，教师要坚持理想、坚守信念，就不仅需要经验与智识，更需要的则是爱心

① "北京大学附属小学创新教育丛书"序言(2012 年 5 月 10 日)。

和忠诚了。

摆在面前的这三部著作均出自三位平凡的老师之手。他们与北大附小相濡以沫，最长的已近 30 年。

数学教师李宁，血气方刚之年就来到北大附小，他为人诚恳谦和，对数学钻研缜密有致。在漫长的积累中，他带领孩子们一起思考数学，开辟了一条综合数学、成长、发展的新路。

英语教师范冰，一猛子扎进课堂，一潜沉就是 17 年。她勤奋聪慧，善学善悟。她所创造的一整套“小学英语学与玩”的理论与实践不仅是她个人教学风格的浓缩，更是北大附小整体教育观和学生观的注解。

信息技术教师何立新，质朴无华，讷言敏行，很早就是北京市信息技术学科的名师。多年来，他在信息技术教学中渗透创新思维培养，如今已形成一套独具特色的方法体系，经由他辅导的学生，参与国内外各种小学生机器人大赛，摘金夺银者无数。

三位老师都是从实践一线中成长起来的，如今依然醉心于课堂。尽管他们气质秉性各不相同、教育教学风格各有差异，然受学生爱戴、家长欢迎和学校老师们尊敬的程度却是一样的。如果说学校为他们的成长提供了舞台，那么这个舞台，是用孩子们无数迷恋的眼光、惊喜的成长垒筑的。

他们的生命在于课堂，他们的满足也在课堂。与孩子们对他们的赞誉与奖赏相比，作为校长，我和学校所做的一切，着实微不足道。

都说教师要有爱心。但我认为，任何一种爱都是需要回流的。爱之回流让师爱稳定，也让师爱绵长。在教育实践中，孩子们对老师爱的回流，便是教师专业发展最终的源泉与动力。孩子们对老师毫无保留的追随与喜爱，孩子们生命成长的朝气与光芒，都是教师内心深处最珍藏的感受与情感。当然，这更加挑战了老师的智慧与付出。如果没有不懈的坚持，没有忘我的追求与努力，这种来自于学生的爱之回流是不可能的。

真实的课堂远不如理想中的美丽。我们身边不乏不爱学习、视学习为煎熬、视学校为苦痛的学生。然而，当老师的爱心与智慧经由努力化作双方的成长时，这种教育过程，才是一种真正的美好。

今天，三部书历经两年努力终于付梓了。阅读全稿，如果要说它们有什么特色，我想，最重要的，就是每一个发现、每一处论述都是从孩子喜爱的教育艺术出发，呈现了一种真实的教育情感与智慧，它来源于孩子、受益于孩子，又造福于孩子。这便是教育的迷人所在。尽管初次尝试，还有许多不尽人意之处，但我还是忍不住为他们的成长欢呼喝彩，为他们骄傲！

续写百年的文化荣光

从某种意义上说，一所学校的成长是社会政治文化变迁的缩影。一百多年来，中国社会文化经历千年未有之变局，五四时期，伴随着旧的政治体系解体，新的思想文化登上历史舞台，自此，延续多年的“重伦理”“重秩序”“重教化”的文化逐渐被“重自然”“重自由”“重个体生命”的文化取代。这是一个伟大的时刻，一个颠覆传统、新旧更替的伟大时刻。从此，“载道”文化和“言志”文化相兼并蓄，从20世纪到21世纪，成为影响人们生活的重要意识形态。

与五四时期社会文化的剧烈变革所不同的是，作为教育微观系统内的学校文化，它的变革却是一个渐进的、局部改良式的进程。北京大学是中国新文化运动的先驱，在这个母体中成长起来的北京大学附属小学，可谓是历史的宠儿。首先，学校的原地原貌与北京大学一体相依，遥相呼应；其次，无数文化名人先后居住、莅临、任教于此，音容气息犹在，是附小弥足珍贵的历史遗产；最后，民主、自由的思想传统源远流长，成为学校管理、课程建设中最显著的特色。因为有这些思想资源，在近年的办学中，我们始终秉承“大文化不变，小文化渐变”的思想理路，在基本结构、基本特质、基本存在方式不变的情况下，对学校的文化进行着独特的继承与创新。

一、隐蔽的遗产——追溯北大传统，传扬自由之风

北大附小前身是京师大学堂附属高等小学堂，始建于1906年。学校占地24 800平方米，校园内松柏苍翠，古树参天。园中既有著名历史学家翦伯赞先生生前居住过的欧式别墅，还有近代著名作家、诗人何其芳先生的故居，法学家陈守一先生的故居，以及极具中国传统特色的明清建筑——著名文物及传统文化专家王世襄先生的宅子。旧时遗留苍翠的古松、柽柳200余棵，分属的科目总数达60种。1991年，著名作家冰心为附小学子所题“专心

地学习，痛快地游玩”，如今已成为学校的校训。著名作家袁鹰的题字“乳燕初飞”，直接孕育了北大附小校歌：“未名湖畔，朝霞石旁；紫燕喃喃，书声琅琅。五色沃土，新苗茁壮；春风化雨，桃李芬芳。”国学大师季羡林的亲笔题词“放飞理想”，让孩子们看到了美好的愿景。

北大附小是从北京大学的精神大厦中孕育出来的。一个多世纪以来，北京大学用自己的文化传统撑起了中华民族的思想旗帜，北大附小脱胎、成长、发展于这样的母体中，其延续百年的学术精神、文化活力在这里经年累积，散发出迷人的光彩。

（一）光芒四射的批判精神

北大精神最重要的思想遗产之一在于批判。在中国文化的特质中，批判之声一直不是社会的主流。几千年的封建专制，知识分子逐渐成为文化的“犬儒”，少有自己内心的声音。然而，五四运动点燃了批判的烈火，知识分子作为革命的主要力量勇立潮头，将批判的旗帜直指封建思想、落后政治、八股文化，为民族启蒙与救亡开辟了道路。

在北大附小，我们极力倡导这种批判精神，不仅是效仿他们敢为天地立心，敢为民众立命，敢为万世开太平的勇气与胆识，更为鼓舞所有的老师，让他们做社会的改良者，勇于和一切反教育、反道德的行为作斗争。在学生中倡导批判精神，也是为了鼓舞所有的孩子，让他们从小树立是非观念，养成自己卓越的辨识能力和道德觉悟，与社会上的功利媚俗之风进行抵抗。

（二）开放包容的多元文化

“思想自由，兼容并包。”这是中国近代大教育家，北大校长蔡元培先生留给我们的遗产。蔡元培的时代真正是开放包容的时代，那时的北大既有留学欧美的短头发激进分子，也有留长辫子的保守派教授。正是这样的自由风气，成就了一位又一位的文化大师，催生了中国近代文化史上最璀璨夺目的时代。

小学教育是文化启蒙的开始。今天，在北大附小，我们坚定不移地倡导民主、包容，就是要踏踏实实地遵循孩子的自由意愿和自由选择，从课程知识领域给孩子们尽可能开放的空间。我们遵循的民主、包容，还是情真意切地以“赏识法则”对待每一个人，让大家学会欣赏，学会对话。

（三）奔涌不已的创造活力

北大精神另一个重要的思想遗产就是创造。创造的核心是除旧革新，敢破敢立。就如陈独秀呼吁的“优秀国民渐生政治根本问题之觉悟，进而为民主共和、君主立宪之讨论”，五四运动中，关于新旧文化的扬弃，关于政治制度的重构与尝试，无不反映出创造的内涵。在新旧思潮大战中，北京大学所充当的角色，不是悲观、不是消极，而是以身试法、心怀乐观、踌躇满志。这种创造的活力，泽被了国民命运，让伟大祖国走向了复兴的征程。

然而，在教育中，关于“创新”“创造”的呐喊，却没有这样地惊心动魄。因其缺失，所以我们因循北大的传统，极力传扬这种精神，把规训让位于对孩子自然天性的呵护，把教化让位于常识、真理的启迪，还给孩子童年，还给孩子快乐。

二、局部的创新——遵循童年诗性，充盈儿童文化

北大文化担当了国家启蒙与救亡的双重使命，尽管它代表的是成人立场，但这种视角是开阔的、长远的，其文化精髓也是优秀的。但是，进入小学实践生活场域，我们需要对这种成人文化进行局部的微调与创新。创新的根本方法，就是遵循童年诗性，充盈儿童文化，让儿童文化与成人文化在相互作用中互补交融。

（一）认识儿童，尊重儿童的精神成长

儿童也是文化的创造者。作为老师，我们应当让儿童感受到，我们给孩子的是一个浸入了爱和理解的、谦逊的、真心实意的欣赏态度，而不是居高临下、降尊纡贵的对儿童的小觑。因为，如果是后者，孩子就未必不能发现表面和蔼可亲后面隐藏的傲慢。

正因为此，我们需要重新认识儿童，反思我们自己对孩子的认识与理解。

1991 年，冰心老人来到北大附小，在陈守一先生的故居中，她与孩子们怡然相聚，倾谈甚欢。兴之所至，年过九旬的冰心老人用颤颤巍巍的手，给

孩子们挥笔题写了“专心地学习，痛快地游玩”十个大字。如今，这十个大字掩映在百花丛中，俯卧在苍翠古松之下，以一种“书海遨游”的姿态“笑盈盈”地注视着来来往往的小朋友。我们把十字箴言作为北大附小的校训，这一举动表明了我们努力理解儿童，以儿童的视野认真办教育的立场：孩子的天性是爱玩的，孩子的学习也应是快乐的。作为老师，我们应该营造一个适宜儿童成长的、贯穿学与玩的环境，让孩子们在这里专心学习、快乐成长。

（二）在北大传统中融入儿童文化的特质

北大的文化传统与国家命运相连，这种文化本身是沉重的，儿童对这些宏大意义可能无所察觉。但是，在持着儿童视野的精神生命层面，他们更接近自然、天空、大地、江河，更倾向于人性的自然和历史。因此，我们需要在这种成人文化中注入儿童文化的因素，以诗性的、游戏的、童话的、梦想的、好奇的、探索的内容反照成人文化。

如在学校景观中，我们既秉承北大青灰典雅的风格，同时又用童年的缤纷色彩装扮校园，使学校既保留古朴，又不失灵动。在学校制度层面，我们淡化“规矩”，让孩子自由快乐的气息成为校园的主流。在课程内容上，我们着力开发校本课程，但是绝不强迫和“一刀切”，完全尊重校本课程的自由生态。在组织管理中，我们坚持“赏识”的信念，以尊重和真诚为前提，公平为尺，公心为上。

（三）以民主自由的北大文化和诗性活泼的儿童文化为学校发展的两维

北大文化的特质是民主、自由、开放、包容、批判、创造。这些都可作为我们时代的核心价值。而儿童文化中诗性活泼的部分，也是北大附小永远发扬的思想财富。它们二者的融合，成为北大附小文化发展的两维，一切办学的理念、思路、制度、活动都将由此出发，这既是我们的宗旨，也是我们的归宿。

北大附小处于北京中关村核心地区。在这一带，中关村第一、第二、第三、第四小学，清华大学附属小学，人民大学附属小学等学校云集。我们不追求考试成绩上的年年第一，但是北大附小快乐、负担轻的名声却是有口皆碑的。北大附小的老师素质高，男老师比例大，高学历人才多，这都是家长们慕名而来的重要因素。不仅如此，孩子的学业成长，孩子的全面发展也为全社会所共睹。在北大附小，有很多著名的儿童“歌星”、儿童“影星”，每年重点中学的录取率也在市里遥遥领先。我相信，正是由于我们办学的方向科学，治校的思路正确，各种思想风气培养得当，我们才有了今天的声誉。

三、“民主”更是学校之魂

在北大文化与儿童文化的融合之中，关于“民主”的认识，经由历史沉淀以及北大附小全体师生的亲身实践，已成为大家共同的准则。

何谓民主？怎样践行民主？这是十分复杂的命题。民主的思想要化作全体师生的认识与行动，除了历史传统的耳濡目染之外，更重要的，是校长的理念和行为。学校的思想是否民主，首先看校长是否具有宽容的品质。因为一个人不宽容，这本身就是一种暴力，是妨碍真正民主精神发展的障碍。

（一）捍卫教育的真理与常识，勇于和反教育的行为作斗争

当前，整个社会的浮躁之风、功利之风狂吹校园，教师的行为已经严重异化了。大部分教师在培训学校担任兼职，还有的自立门户，以名校名师的旗号，兜售所谓的“应考知识”。针对此种病象，教师习惯的已不是反抗不反抗的问题了，而是推波助澜，在呈现病象的组织环境中讨一杯羹。面对教师心灵日益迷失的状态，我提出了“让教师守在课堂阵地”的口号。作为校长，我希望尽最大的努力，同时用有效的激励手段，让老师钟情专一，回到课堂，认认真真钻研教学，全心全意对待孩子。令人欣慰的是，现在，北大附小的老师们个个洁身自好，不仅不出去兼职，还主动在学校开设兴趣课堂，免费带兴趣班，为孩子、为社会做着正义事、良心事。

（二）放下偏见，捧一颗赤诚的心给所有孩子

民主意味着公平、公正。在北大附小，我们每年都遇到自闭症的孩子。如何让他们在一个公平的环境中，一样享受老师的真心、爱心？事情理论上容易说明，实际做来实属不易。有的问题孩子，生活未能自理，需要班主任须臾不离地守护。每当此时，我只有鼓励老师们以赤诚之心对待孩子。这

种赤诚，其实远没有到为教育事业奉献多少的高度，完全是出自一份师者的责任、家长的信赖、亲人的重托，因为我们的努力，不仅会救助一个孩子，也可能拯救一个家庭。

把心灵献给孩子，还要求我们摒弃“拔尖”的思想和做法。鼓励“拔尖”，意味着关注少数，忽视多数。而且把大多数儿童往“拔尖”的路子上生拉硬拽，这本是就是有害的，也是对学校民主的破坏。

（三）营造宽容的空气，校长亲自建构一个自由的参照系

在我们的生活中，常见这样的现象：一百句话，有九十九句是对的，人们会抓住那一句错的不放。但是，在北大附小，我强调，真正的宽容，是要做到即使九十九句是错的，也要吸收那一句正确的话。2011 年暑假临近，有一位教师因故辞职。两个月中，该教师应聘前往另一所学校任教。然而新上岗一星期后，他在校长室声泪俱下，哭着要再回附小。一番思考过后，我决定带头敞开怀抱，热情迎接他回来。我认为，是人都难免犯错，孩子错了，老师可以包容，对老师又何尝不是如此呢？在学校，我旗帜鲜明地呼吁“快乐是师生的权利”“教师也应该享受生活”“对每个人的个性生活绝不干预、绝不骚扰”等言论，引来众人的侧目。对于许多学校不鼓励或强行限制老师继续学习深造（因占据工作时间，给管理带来不便）的做法，我却反其道而行之，光明正大地鼓励老师们读书。因为知识能给人力量，我希望北大附小是一所讲学习、讲正气的学校。而民主的核心内涵，也正是真正地尊重人，发展人，而不是管束人，压制人。

当然，民主既然作为学校管理的法则，也离不开平稳的秩序和制度。过于浪漫地把握民主，让自由压倒限制，让包容压倒责任，都是不可取的。但是，不管怎样，我们所有的心血，都是追求充分发挥每个人潜能基础上的成功，让学校既有活力，又有秩序。

相信时间不会辜负我们的努力。

第四节 用心教育的美丽[①]

教育重在养成

斯坦福大学专门就“对孩子的夸奖和奖励”进行了研究，看看夸奖与奖励这种方式对孩子的作用到底有多大。其中有一段令我印象特别深，跟老师们、家长们分享。原来咱们老说孩子都是夸出来的，但是怎么夸？夸什么？这也是我们做基础教育的工作者要研究的。

他们对400个差不多相当于我们小学五年级的孩子进行了一系列的实验和研究。其中有个拼图实验，让这400个孩子同时拼，然后随时夸，并且夸的不一样。对有的孩子说：“你拼得真快，你可真聪明啊！”同时可能夸另外的孩子：“你在拼图的时候好专注啊！我很欣赏你，你真棒！”也有的孩子可能就夸：“你真努力啊！”

这一系列的实验中，有一个项目是考查孩子们解决困难的能力。当给孩子们一些超出他们能力外的难题时，被夸“好聪明”的孩子在他不会做题时的反应是焦虑，抓耳挠腮，着急得不得了；而被夸“专注”和“努力”的孩子则持久性强。

所以我跟老师们开会聊天，就说我们应该研究夸什么，怎么夸，是夸结果、过程，还是目标？

我夸孩子的时候，我先夸他的是表层的，比如说，哎呀，小帅哥，真酷啊！好可爱啊！这个我是为了跟他套磁，说白了就是拉近关系，孩子觉得，哎，你爱我，你夸我漂亮，但是我真正关注的不是这个，是他的行为习惯和养成教育。所以对小学我老说应该叫养成教育，是吧？我也跟老师们讲，一年级重

① 摘编自2014年尹超校长在一年级新生家长会上的讲话。

中之重是“养成”。你期待他能做到的那些优秀的品质、良好的习惯，咱们应该在小学阶段把它培养好，积淀好，等孩子们上了中学，基本上不用管。那个时候你也管不了，他不听你的，他听老师，听同伴的！

我知道在座都是非常优秀的家长，这是北大附小的骄傲！我说的是真心话，不是说都是有钱人，但是都是有知识、有学问的人，都是在各个领域有成就的人。在座的有我的老师，北京大学光华管理学院的汉生老师，还有金李老师，我知道，这两位老师的孩子今年上学，我真的特别敬佩他们，他们才三十多岁、四十多岁，我在全校也讲过，我说我们的家长资源多么优秀！从他们身上我学到了很多在教育口学不到的东西，让我打开了宽阔的视野。所以我是非常重视学校团队师资的培养，为什么我都将近五十的人，我跟老师们说我还在读书，我还在进修，对我来说学历不重要，待遇也不重要，现在在全校我的职称、我的工资都最高，但我不是奔这个，我是希望北大附小我们这支教师团队，有更加开阔的视野和心胸，能够让孩子们有更开阔的视野和雄心！

所以我们不是机械地为了做教育而做教育，可能这也是北大附小受到社会认可非常重要的一方面。所以教育是什么？也不是只看成绩，用一把尺子衡量所有的孩子，好的教育是应该因才、因人、因个性、因特点施教，所以为什么北大附小的老师，你们接触了会知道，我们不仅仅北师大什么什么师范类的毕业生，我们有北京大学的数学系、中文系的毕业生，人民大学的经济学硕士，政法大学的法学硕士，还有我们教艺术的都不是学教育学、心理学从师范出身的，但是有很多我们都留下了，而且他们做得非常出色，因为他没被束缚，能够人尽其才，为孩子们提供学识所需。

为什么我去光华读书，我是学师范类的，我经常说学师范类的人视野比较窄，因为从上学，老师就教他几步法。其实社会不是这样，它是多元的、多彩的、开放的，真的是这样子的。所以我们北大附小想的是要给孩子们创设一个多元的、多彩的、开放的，以课程为载体的，以活动为拓展和补充的这么一个育人的体系。

我是想让家长们能够跟我们同步起来，那么说到个性，我拜托各位家长不要拿自己孩子跟别的孩子比，千万不要当着孩子："你看人家谁谁谁……"

我们学校的老师遇到教育自己孩子的困惑的时候，我就跟他们说，首先，你们俩给人家遗传了什么？第二你们俩给人家创造了什么环境？第三你们俩付出了什么？你不要求全责备孩子，我说的是真心话。

从孩子一出生就已经独具特色了，对吗？甚至说在精子卵子结合的那一瞬间，就已经决定了他先天的一些生理特点。这个观点在教育家办学思想研讨会上，被人民大学附属中学的刘彭芝校长评价说："你可真敢说话呀……"

这也许是"谬论"，但是我真的就这么认为的。咱们都是过来人，我都快五十岁了，还在成长。大家回过头来想一想，每个人的成长点、每个人的起跳点一样吗？成长过程中的成长点、爆发点、飞跃点都不一样。还有龙凤胎的家长，原来也有老说"我这儿子差，女孩儿优秀"的，家长们可别那么想，男孩子生理发育晚。

所以为什么我们极不赞成提前上学，我说的真话，因为上学太早了，现在七岁就上学，有的家长说那我小时候五岁，您那时候学的什么？现在学的什么啊？现在什么竞争？我是觉得你得珍爱孩子，让他很轻松、很快乐、很自如，让他一开始先感觉到学习是很轻松、很愉悦、很快乐的一件事。否则孩子挺吃亏的，如果他饱尝了摧残，之后他就是跑步也跟不上！

您说何苦来的呢？咱又不指着他早一年养家糊口！现在和过去完全都不一样了，所以我们的观念要变，我跟老师也说，不要短视行为，每个孩子的起跳点、成长点都不一样。

但是我们家长和老师要给孩子什么？孩子的自信，他的自尊，他的被欣赏，他要知道只要我努力，只要我付出，我此时不行，我彼时一定行，我一定行！

我在光华毕业典礼的时候特意请儿子和我爱人一起去。我让他感受到妈妈的这种努力，让他感受一下北大的这种氛围，看看这些成功人士都在读书，绝对不是都在玩呢；让他也感觉到妈妈这么大岁数了还在读书，之前他在心里也许说妈妈都当校长了还读什么书是吧？

我儿子是不怎么爱读书，而且不听我话，我经常跟我老师说，我也希望他考北大，可是他考不上啊。现在工作了跟我说，要"雪耻"，他大学上的不理想嘛。参加完我的毕业典礼之后，我儿子跟我说："非北大不读，今年非读北大不可。"你们说这孩子，他成长点太晚了，24岁了。可是我很欣慰！我还告诉他："我说你长大了，妈妈真的为你骄傲！"

因为原来我会逼着他学，说他没出息什么的，有一天我们俩聊天，他跟我说："妈妈你知道我最恨你什么吗？"我说："你最恨我什么？""最恨你拿我跟别的孩子比，那我能拿我爸爸和别的爸爸比吗？人家好多爸爸比我爸爸成功得多，我能拿别人的妈妈跟您比吗？"我说："对对对，你这样说是有道理的。"

没有爱就没有教育

我曾经问一个6岁的孩子，说你喜欢什么样的老师？更早以前类似的问题我也问过，男孩一般说喜欢年轻的、漂亮的、长发飘飘的老师。这个孩子的回答让我很震惊，他说让我思考一下，小大人似的，思考半天。他说：第一，我喜欢有耐心的。第二，有话好说的。第三，过去的事就翻篇吧。多可爱啊，这就是孩子对老师的期待，我估计大人们所表现出来的"没耐心""有话不会好好说""过去的事没完没了地追究"，可能让孩子们感受很深？

其实孩子什么都懂，所以我说世界上不能欺骗的有两种，一种就是孩子，一种就是小动物。小动物，你一个眼神它就知道你爱不爱它，和孩子很像。

有一个现象跟大家分享。我到一年级去听课，有个小姑娘就趴在那儿，这一节课她老盯着我看。然后我下了课就问她，我说你为什么老看我呀？那个小女孩回答说："嗯，因为你漂亮！"哎呀！我好开心啊。

高年级的孩子们，他也不当着很多同学或老师的面夸你。你走到他们班上，他跑出来，以为他要干吗，蹲下，那男孩就趴在我耳朵边说："我觉得你越来越漂亮。"家长同志们你想我怎么可能呢？越来越老，但是我心里很清楚，那是跟孩子亲近！

而且只要孩子们见到我，比如做坏事，或者捣乱，马上就坐好，我说他们什么他们也不生气，包括老师们，我跟老师们谈什么，老师们不会恨我，我觉得是因为他知道我珍爱他们，我批评也是抱着爱的目的。

北大附小“新三字经”对孩子的要求，也是对我们老师的要求，我们不要有傲气，但是我们要有傲骨，我们要有自尊，我管你是谁，只要对孩子是真爱，就不能屈尊于那些“特殊”。爱但是绝不溺爱，要真的爱孩子就不能给他特殊的，让他很容易地就得到一些东西，是害他。

我一直在北大附小说，我说真正的爱是有原则的爱，是真诚的爱，是发自内心的爱，我也跟老师说，我说如果没有爱，真的就没有教育。不光没有教育，你们在座的想一想，我老说如果你不用心做菜，那菜都不好吃，你不用心做饭，你就是糊弄，糊弄出的东西绝对没味道。所以这学期为什么开学工作会上我就说，我们要做独具特色的有魅力的教师，就是每个人的魅力可以不一样。昨天，我夸我们一年级老师真棒啊，那在黑板上有能画几笔的，一会儿你们进班可能看见，有能写一手好字的，各具特色，各具魅力。

在座的家长我先跟你们说，你们的孩子都是各具特色！你要给他培养成各具魅力的人，别着急，别只看成绩，我也跟老师们这样说，但是并不是不看成绩，不要学习，也不是。要培养他，让他爱学习、爱读书。

如果您的孩子天天爱来学校，觉得上学是一件快乐的事，可以说孩子接受基础教育的第一步打底成功；如果说再爱上老师，爱上同学，就是第二步成功；第三步，爱上课堂，爱上课程，那么孩子们的未来是不可限量的。

以我在北大附小做教育近三十年的经历，以我教育儿子有苦有甜的过程，和附小那么多届毕业生孩子成长的过程，这些是我们总结经验之谈。其实教育，学校很重要，家庭更重要，这是真心话，就是家长的态度、家长的教育观念和老师的密切的配合决定孩子未来的发展，这种过程我真的经常会讲给老师们。

用心教有智慧

大家看刚才我碰到有的孩子：“哎，祝贺你成为小学生了。”这样的表达会让孩子觉得:“嗯,骄傲,我是小学生了,我长大了,我不一样了。”是吧?“我自己的事情得自己做,我不给别人添麻烦。”

在孩子的教育这件事上,我们需要做什么?作为家长,如果你珍爱孩子,就要按你心目中的样子要求他,但是要求要放到可以做到的高度;要指导他,引领他,伴随着他成长,刚才我说夸奖要夸到度,不要一听什么家长就急!不要一听孩子说什么,和小朋友发生冲突了,马上就急了,没必要着急!孩子扭脸就是好朋友。

我给你们举个例子,去年新一年级一个小孩叫王一帆,长得高高大大一个小孩,他妈妈四十多岁才生他,来我们这儿入学测试,五组团队背对背打分,包括什么语言表达,体能测试,行为习惯,等等,那个小孩没达到标准。但是这个孩子我发现他特别爱读书,而且读了好多书,但是他有一个大的问题,就是不跟人交往,交往有障碍,原因是妈妈老不让出门,没法跟朋友在一块玩。

有一天他们班上体育课,我在办公室就听见外面喊“王一帆过来,王一帆过来”,全班小朋友在那儿喊,然后我就趴窗户往外看,看那个小男孩自己就坐一边,就不过去,在那儿翘个二郎腿就这么看着。体育老师怎么叫,他也不去,我就下楼来。因为招生过程中我跟他进行了交流,他认识我,我一过来,就冲着孩子们说,我说孩子们不用叫,王一帆是个懂道理的孩子,现在上课了,应该怎么做呀?我就冲着他,看着他,他马上站起来,就站队了,然后我就什么都不说了,我跟老师使了一个眼色,意思是让老师不要再追究这件事,也别让孩子们再叫他,越叫孩子越逆反。其实这就是一种教育的方式。

还有一个孩子也是一个男孩儿,我中午会值周嘛,在校园里到处转,见他气得跟大蛤蟆似的,就在那儿生气,我一过去,因为不知道他叫什么呀,就问:“小帅哥怎么了?”“校长,”他跟我说,“有这样的吗?那个四年级大哥哥不跟我玩也就罢了,他还骂我。”我说他骂你什么了?“他让我滚。”后来我跟他了解沟通了以后就知道,那四年级大哥哥跟他是邻居,他到四年级那个班找他玩,结果那个孩子就不跟他玩,还让他滚,孩子嘛你想。然后我就趴他耳朵上说："男子汉大豆腐，"他知道是反话嘛，"这算什么呀！可能大哥哥刚被老师批评完生气呢，哎，我说你不信，明天还是好朋友，玩去吧，没事的。"我就给他"糊弄"走了。第二天两个孩子真的是玩得非常开心，非常好。这也不能说是糊弄，也可以说是一种教育方式。

我跟老师们提的是要做智慧教师。所以家长也要做智慧家长，好多东西把大事化小，小事化了，巧妙地化解这个矛盾。既然不能呵护孩子们一辈子，那么你就得教他，学会化解矛盾，让孩子们自己保持身心愉悦。

德国的、英国的、美国的幼儿基础教育，生活和生存是孩子们应该掌握的最基本的本领。因此，在幼儿园就教孩子们怎么花钱买东西；了解信邮寄的过程，包括怎么寄信；领着孩子们去参观警察局，学习怎么报警……基本上是培养自身的一些生活行为习惯，还有礼仪等。

教育的本质是面对人，人的一生只有一次，谁都没有来生。那么人这一生什么最重要？是不是他学习成绩考100分，他就能过得幸福？是不是考上北大、清华的孩子就一定过得幸福？

如果说人一生的幸福最重要，那么我们的教育得教他，具备哪些素养一个人才能过得幸福？那就是身体健康、心理健康、人格健全、学业优异，而现在的教育最重视的却是学习成绩。我昨天跟领导班子也说，为什么好多家长不认同中国的教育？我就说反思这么多年来我们的教育哪出问题了，其实这就是问题所在。

我们说按照北大附小的文化传统、价值观、育人观、育人的目标，孩子们一个阶段或者哪门学科的成绩并不重要。最重要的是什么？我认为是自信，是热爱，是感恩，是有一个好身体、好性格。数学组潘老师说了一个反思教育得失的故事给我：有个学习困难的孩子，一次数学考了80分，英语也考及格了，这当然很好，而让孩子最有可能记一辈子的事，其实是他从老师那里获得的认可。

未来教育的发展不会是重在"拔尖"，小学说培养什么拔尖创新人才，我觉得它不会是重中之重，更重要的是什么？为培养未来的高素养的中国公民和世界公民奠定基础。所以孩子的行为习惯、礼仪常规，这个是重中之重。

教育是不放弃任何一个孩子，而且得量体裁衣，孩子聪明老师就得让他更聪明，可是不聪明的孩子，有好多劳动好，有好多会疼人，这不也挺好的嘛。教育不是说语文、数学哪个学科最重要，而是每一位学科的老师都用心让孩子在不同的领域找到自信。

我们把芬兰的著名教育家请来，专门讲育儿，快乐育儿，养育十五法，就是怎么让孩子快乐、心安，这三天我也做了好多笔记，我想特别适合给新生的家长和幼儿园的家长们看，到时候咱们刻成盘，送每一位家长一份，请你们静下心来细细读。其实当时我也在观察老师们听课，每个人听课的状态都不一样。会学的人，善学的人，永远能从人家身上找到优点，能够学到东西。所以我们要教育孩子，是有很多的技能和方法，而不是简单地："我告诉你，下次你再怎么样我就怎么样！"

第五节
以美育德，文化育人

一校之长的文化引领

真正的学校文化是什么？这几乎是个仁者见仁、智者见智的问题。通常来说，学校文化就是一所学校有别于其他学校的对教育教学的个性化理解与实践。对这样一种界定可以有三个层次的理解：一是学校对教育理想和教育哲学的独特理解和个性化表述，这是学校文化的灵魂和精神；二是在学校教育理想和教育哲学引导下的个性化的教育教学实践，集中体现在课程与教学上，体现在日常教育的师生行为上；三是在前两者基础上所形成的弥散性和扩展性的总体风貌（如物质建设、制度建设、形象设计、教学管理、学校德育、学校活动、教师队伍等）。

可以说，学校文化既是一种历史性的存在，也是一种现实性的存在。正因为此，学校的文化的生成与传达离不开校长的文化领导。一所学校的核心思想与精神是通过校长对学校文化的认识、理解和传达来实现的。校长是学校文化的灵魂人物，同时也是学校文化的把握者、代言人。

然而，校长究竟如何进行学校文化的传递与塑造呢？从文化生成的内在机制来看，他必须要做到这样几方面。

首先，校长必须对学校教育有明确的价值取向。这种价值取向也就是回答“学校教育的目的是什么”“学校要培养什么样的人”的表述。学校教育是文化传递的一部分，这种传递必须基于孩子的全面、自由、个性的发展。尽管在规模经济时代，社会竞争的加剧使得这些目标无法全部实现，但面对教育的滞后性以及社会发展的方向，校长必须有所作为，最重要的就是着眼未来，坚守自己的文化立场。

其次，校长必须对学校自身的文化传统进行深入的挖掘和细致的梳理。在现行的学校教育系统中，任何一所学校总会或多或少地带有历史文化的痕迹。如何把这些文化传统的要素梳理出来，并在创新发展的趋势当前发扬光大，这是学校发展中必须关注的。如北大附小是一所百年老校，它是在北大文化中孕育、成长起来的，因此，它的思想与行为深处有着光芒四射的批判精神、开放包容的多元文化以及奔涌不已的创造活力。根据这样的传统，我们明确提出北大附小的景观文化以“人文积淀”为名，精神文化以“民主开放”为名，制度文化以“快乐和谐”为名。

再次，校长必须掌握塑造学校文化的基本策略。要让历史的、潜在的、零散的学校文化变为当下的、实时的、系统的学校文化，校长必须掌握一定的策略，将学校文化不断地丰富和具体化。例如，可以通过完善学校设施，设计象征标志来塑造物质文化；通过仪式、日常角色规范来塑造行为文化；通过民主讨论、开放的活动塑造合理的制度文化等。这些都是有效的方式。

最后，校长要锤炼自身的品性，有深厚扎实的文化修养。校长个人的习惯和品行对学校文化的影响是显而易见的。正如有专家所说：校长宽厚，则校风淳朴；校长严格，则校规完善；校长倡导人文关怀，则学校师生融洽。不仅如此，校长自身还必须是一个独立的思想者，有着崇高的教育理想与激情，能准确地找出理想状态的教育价值取向，由此来定位学校的教育理念和教育目标。通过这样的教育理念和目标，他用准确的行动力和影响力，把学校文化的价值取向贯彻到每个决策当中，全面把握学校经营的每个环节，这样才能在学校文化的建设、开发和继承方面有所建树。

以美育德，文化育人

德育是学校精神文化的代表。它的核心价值在于塑造人、培养人、发展人。正因为此，它的春风化雨、润物无声的品质与审美是息息相通的。也正因为此，我们把“以美育德”当作学校德育实践的基本方式。然而，“以美育德”的内涵是什么？怎样具体地实施“以美育德”？这同样是个难解的问题。

关于审美，不同的人有不同的认识。德国著名思想家、戏剧作家席勒在《审美教育书简》中曾说：“审美，是达至人性和谐的唯一路径。”为什么审美会有如此强大的功能呢？因为它是以情感塑造为中介的。人们经常把审美当做第一哲学，是因为审美既是人性能力的最初萌芽，却又是可以不断发展成长的最高成果，它是人性中最为连贯而又最为开放的部分。

当我们从德育实践过程来分析，以美育德有这样三种内涵：第一是以美立德，第二是以美养德，第三是以美施德。以美立德是让学生认识美，让孩子分清是非、认识美丑、明辨善恶。以美养德是在美的标准和尺度下体验美，养成美的品性和习惯。以美施德是通过自身美的信仰、习惯实践美，通过美来启发真知，储备善行，提升人的生命境界。

就拿北大附小来说，北大文化是一部浩瀚的大书，可以供附小的学子不断咀嚼、学习。正因为丰厚的精神营养就在身边，所以我们提出了“以美育德”的口号。在实践中贯彻“以美育德”的理念，需要我们革新理念，改进方法，让学生在文化园地中慢慢地游、慢慢地品、慢慢地悟，由此养成良好的品德和习性。正因为此，为了让学生更好地感悟北大文化，我们还结合学校特色，开展了一系列主题教育活动，如开展了“走进北大”队会活动、“以北大精神为荣”的演讲活动等。

除了博大精深的北大文化，还有涵养性情的景观文化，它们都是“以美育德”的重要内容。北大附小的校园历史悠久，校园里许多古槐、栾树的树龄都在百年以上，我们觉得这是自然赐予的，是历史赐予的，在建校过程中要保留下来。如何“以美育德”，我们首先要对传统文化追根溯源，在此基础上再塑造、创新学校文化。据此，我们提出了延续北大风格，新校舍依树而建的思路。我们沿用了北大建筑的特点，以青灰色为主色调，彰显古朴、深厚、凝重、典雅的人文气息。我们还别具匠心地设计了“校园十三景”——奇石萌发、南极标赞、生态学堂、励志箴言、古松情深、红廊花架、百草嬉戏、五色沃土、水墨柽柳、翦老故居、王家花园、放飞理想、书山有路，它们错落有致地分布于校园之中，与北大的“一塔湖图”遥相呼应。

“以美育德”是一种文化建设思想，从理念到实践，它需要特色文化活动来丰富和具体化。对此，我们持续开展了一系列丰富多彩的文化活动，如为响应中国青少年发展基金会提出的“诵千古美文，做少年君子”的号召，我们组建了富有活力的领导机构和辅导员队伍，制订了科学的诵读计划，把古诗文诵读融入到民族艺术教育活动中，融入到班级特色活动中，对学生良好品德的养成起到了重要的作用。

综上所述，“以美育德”是德育实践过程的一种方式，它以情感濡化为目的，替代了知性德育，改变了当前德育无效的困境。“以美育德”的实质其实是文化育人。这种浸润式培养，将学生的认知、心智交汇于情感领域，通过情感上的认同来进行道德认知以及行为转化的培养。这种思路，可以说是把德育重点从认知领域转移至情感领域的思路，而学校教育在其中的作为则是尽可能多地创造这样的情境、场景来让学生消除认知与情感分歧，达成正确的思想与行为的转变。这也许挑战了那句“美育不可教”的古话，不是美育不可教，而是美育必须用合适的方式。

小细节，大教育[①]

儿童礼仪由来甚早。关于礼仪的认识、教学，其实早在人类文明发端之初就已开始。而在中国，礼仪文化伴随脍炙人口的经史子集一道，在笔墨记载、典籍流播的进程中，已成为中华文明最为闪亮的一部分。近代，关于儿童礼仪的教学正式进入课本。民国初年，老课本中的语文篇目至今豁人耳目："猫捕鼠，犬守门，各司其事。人无职业，不如猫犬。""凡盥面，必以巾遮护衣领，卷束两袖，勿令沾湿，栉发必使光整。""徐湛之出行，与弟同车。车轮忽折，路人来救。湛之令先抱弟，然后自下。"关于忠诚、整洁、友爱的文字寥寥数语，淡淡白描，均从牙牙学语开始，成为信义，成为常识，叫人难忘。

光阴流转，今天的新课本中再也见不着这样的文字了。关于仁、义、礼、智的古老箴言也随着时代的发展变得陌生。教育，尤其是孩子的教育变得日益敏感，柔脆无骨。以前的知识与常识常常合二为一，简洁得让人心剔透，很容易成为影响人一生、甚至一个时代的核心价值。然而，时至今天，我们对待孩子无法再像从前那样简单、直率，知识的教育与德性教养相互割裂，孩子的文明礼仪被束之高阁，致使从幼儿园开始，孩子恃宠而娇，积习难改，学而无效，学而无用，这不能不说是一个深深的遗憾。

对此，远在大洋彼岸的蒋佩蓉女士提笔著作了《佩蓉教孩子学礼仪》一书。今年 9 月，约定修订再版。通话当天，我即委托朋友索来新稿，认真拜读。真的让人雀跃不已！从学校毕业参加工作，我守在北大附小已经 27 年了，这 27 年，手把手教过、认认真真研究过的孩子，可谓无数。经过时间的洗礼，教育发展已经把过时的理念和方法都淘汰了，但是，小学教育，最重要的是教孩子什么？我认为就是帮助孩子养成好的习惯，好的品行。知识多寡已是明日黄花，孩子越是长大，越是微不足道。智商可以遗传，然而好的习

① 本文是为 2012 年 2 月出版的《佩蓉教孩子学礼仪》(*Rossana on Children's Etiquette*)一书所作的序。

惯、好的品行，却是永远无法遗传的！它是教育中最重要的，也是最宝贵的部分，需要我们用真爱、用耐心、用技巧去一点一点地呵护。

蒋佩蓉女士是位研究儿童心理的专家，也是位经验丰富的育儿专家。她所著的《佩蓉教孩子学礼仪》一书，我觉得最有意义的，是用最直观的方式，提出不同年龄层次儿童需要的文明礼仪，从内心的认知到言行举止的遵守，逐条罗列，逐次解析。没有口号，没有训诫，简洁的故事和明白的表述，直接指导孩子的行为——“你应该做什么，你不应该做什么”。

在这部书中，作者就儿童礼仪从概念着手，分别提出了“智慧地使用语言”“聊天的艺术”“春节礼仪”“家庭用餐礼仪”等20余项礼仪。有趣的是，在具体使用的每一部分，作者都列出了“你要做的”和“你不要做的”内容、每一天的“完成情况”、每个年段的“技能清单”等。这样的结构更像礼仪常识的完全攻略，家长和教师们看了，一定会跃跃欲试，爱不释手。

然而，本书的要旨却不仅仅满足于一些操作性的条文。关于文明礼仪，作者常常语出惊人，很多观点，看似平常，细细思考，却又最属真理。她提出礼仪的金科玉律就是“待人如己”，又指出礼仪的黄金三角是“尊重、体谅和诚恳”。她还常常对儿子说：“你们现在最激烈的竞争，是娶一个好妻子，所以要尽早准备成为一个好丈夫。有幸娶到一个优秀的终身伴侣永远比任何世界名校的文凭要宝贵得多！”其中的深意，耐人寻味。

蒋佩蓉女士旅居美国，本书是原著的修订版。此次再版，作者增加了许多校园生活的礼仪，并辅以解析，教给老师和孩子如何操作。全书娓娓道来，以身说法，不啻为“小细节，大德育”，是一部可供大家学以致用的好书。我愿真心推荐给学校、家长以及我们的孩子们。

是为序。

第六节
你是我的骄傲，共同放飞理想

阳光·雨露·沃土
——再谈学校文化营造

北京大学附属小学始建于 1906 年，前身是京师大学堂附属高等小学堂，1923 年名为燕京大学附小，1952 年为现名，1959 年迁入燕东园内王家花园（现校址）。学校占地面积 24 800 平方米，校园内松柏苍翠、花木繁茂，呼吸着时代气息的生态教学大楼，与明清古建、欧式别墅等历史遗产交相辉映。

山之巅，惠风荡。水之源，恩泽长。
北大附，小学堂。阅百年，历沧桑。
…………
承北大，秉人文。尚风骨，崇理想。
倡自由，求民主。兼包容，主开放。
…………
赏燕园，满晴光。柽柳枝，水墨淌。
百草园，秋虫唱。朝霞石，古松苍。
红廊柱，百花放。王家园，紫藤香。
故居内，文化藏。南极标，志气扬。
…………

这篇三字经为我校教师原创，描述的正是焕发百年生机的北京大学附属小学。一百多年来，北大附小秉承北京大学“思想自由，兼容并包”的学术精神，形成了“以人为本，快乐和谐发展”的办学理念以及“民主、开放、自由、和谐”的办学特色。在这样的思想指导下，我们以“赋予环境教育深度，彰显学校文化魅力”为基本策略，对百年老校进行了修旧如旧的环境建设，力图呈现古朴典雅、底蕴深厚、诗性盎然、蓄意深刻的风格。

一、整体统一规划，彰显北大文化的丰厚底色

北大附小就是伴随着北大历史的变革与前进的步伐而成长起来的。它的百年历程，留给了北大附小享用不尽的精神资源和思想光辉。因为有这些精神财富，在近年的环境建设中，我们始终坚持“大北大，小燕园”的人文规划。

1. 保留老北大的品性，“青灰古朴”为学校的基本色泽

学校在硬件环境的改造和完善过程中，特别注重格调要与北大相匹配，无论是新的生态教学楼的设计，还是旧楼老宅的翻新改建，大到格局、色调的定位，小到一砖一瓦的选择，都精心设计，使附小与大学的文化环境和谐统一，既古朴典雅、充满人文色彩，又具有时代气息，生动活泼。附小学生在灰砖红柱的学院风格中，耳濡目染，潜移默化，“北大”的风骨一点一滴地渗透着他们，儒雅大气之风影响着他们的审美与气质。

2. 保留老北大的底蕴，“典雅葱茏”为学校的主要景致

北大附小地处清代的王家花园，古木参天是这里先天的环境优势。校园内拥有 40 余个品种的花木，176 棵古树，其中有百年以上的国家二级古树五十多棵。近几年，学校又增添了四百多棵绿竹、十多棵龙爪槐和玉兰树，和大量的珍珠梅、榆叶梅、金银花、迎春花、红瑞、连翘、大叶黄杨等灌木，使学校真正成为四季长绿，三季有花的“绿色校园”。庭院深深，曲径通幽，红廊绿影，古木繁花，少年学子，穿行其间，风吹叶动，书声琅琅，构成了校园最富生机的风景。

3. 保留老北大的精髓，“民主开放”为学校的重要特质

北大附小校园力图凸显“小校园，大气象”。从庭院的绿化到教学楼的设计，都着力体现历史与自然、科学与人文的和谐统一。2004 年，学校建起

了全国第一幢科技含量很高的生态教学楼，被学生们形象地称为“会呼吸的教学楼”。在校园建设过程中，学校不仅对校园内百多棵古树原封不动地保持其自然状态，形成生态教学楼倚树而建、错落有致的独特格局，而且还专门为保留在教学楼内的一棵古松量身订制设计建筑方案，使其独秀一枝，兀立在阳光大厅之中，尽显自然“生态”。清流、美石、古松、游鱼，显现出灵动的生气。

二、重塑精品景观，挖掘文化育人的核心精髓

北大历来英才辈出，而在北大附小这块浸润着文化内涵的校园中，也曾有多位文化名人留下过辉煌足迹。20 世纪以来，不少的思想家、教育家、文化学家、历史学家、诗人先后莅临、任教于此，他们的故居和寓所，都留下珍贵的历史资料。经过悉心整理，我们镂刻诗文，寄喻教育的深意，让人文景观与育人价值深度融合，百年老校因此焕发出青春的生机与活力。

1. “四座古建”，底蕴深厚的历史胜景

“王家花园”曾是中国著名文物及传统文化专家王世襄先生的私宅，园内花木繁茂、生机盎然。其间一座中式建筑，雕梁画栋，古色古香，引人注目。2003 年，王世襄先生为这座老屋题写了对联——“名曰花园种菜范匏还架豆，号称学子遛獒放鸽更鞲鹰”，勉励附小学生在玩中学、学中玩，玩出名堂，玩出文化，玩成“大雅”。王世襄先生的传奇一生，也深深影响着北大附小的孩子们的心灵。

附小校园内还有三座欧式别墅，其中“翦老故居”是著名历史学家、中国马克思主义历史学主要奠基人翦伯赞先生的旧居。中华人民共和国成立以后，时任北京大学副校长、历史系教授兼系主任的翦伯赞先生，在这栋楼居住了 17 年。中央领导人林伯渠、徐特立，民主人士和民族代表章伯钧、雷洁琼、赛福鼎·艾则孜，文化艺术界人士郭沫若、范文澜、田汉等的经常来访，为这栋小楼带来了极高的声誉和空前的光辉。2008 年 4 月 14 日，北大附小隆重举行翦伯赞先生故居揭牌及铜像落成典礼。故居现在作为北大附小行政办公楼。

另外两座欧式别墅分别是著名法学家、法学教育家陈守一先生的故居，和著名现代散文家、诗人、文艺理论家何其芳先生的故居。20世纪五六十年代，这两栋欧式小楼，常有俞平伯、钱锺书等知名学者往来其间，呈现“谈笑有鸿儒”的盛景。它们现已成为学校接待室、会议室和办公室。

2. “校园十三景”，诗意盎然的书香校园

随着校园环境的不断完善，加之有着百年历史和文化积淀，北大附小逐步形成了独特的校园文化。学校师生评定出了最具特色的“校园十三景”——奇石萌发、南极标赞、生态学堂、励志箴言、古松情深、红廊花架、百草嬉戏、五色沃土、水墨柽柳、翦老故居、王家花园、放飞理想、书山有路。师生们各显才华，为每一处校园景观创作出七言诗，给优雅景观赋予了更深厚、更丰富的文化内涵，把赏校园、爱附小、讲礼仪、做主人的教育融合于文化熏陶与感悟之中。

例如“五色沃土”是指学校五色广场上的五色土花形地台，它传承了中国传统文化中和谐统一的内涵。描写该景观的诗句是：“石分五色晶莹耀，竹集一圃骄洁茂。少年操练沐朝阳，诵读放歌乐陶陶。”

坐落在校园领操台上的石雕《放飞理想》，则是一组具有现代风格、体现学校教育理念的艺术作品。著名国学大师季羡林先生为附小师生题写的“放飞理想”四个大字就镶嵌在这石雕之上，激励着北大少年如紫燕一般，搏击长空，胸怀理想，放眼未来。诗句如下：“撷风剪雨写诗行，幻彩摩云描乐章。青壁犹绾飞燕翼，嫩芽初挺沐朝阳。”……

3. 校训校歌，科学引领的思想标识

来自冰心老人的校训“专心地学习，痛快地游玩”不仅表达着老一辈对北大少年的殷切希望，也寄托着附小师生对教育的理解：让孩子们专心地学习，痛快地游玩，玩出强健的身体、玩出高雅的情趣、玩出快乐的童年，学会学习、学会生活、享受美好人生！

北大附小的校歌《乳燕初飞》是由全校师生共同参与，在袁鹰题词的基础上创作的，北京大学中文系张颐武教授也热心参与。“未名湖畔，朝霞石旁；紫燕喃喃，书声琅琅。五色沃土，新苗茁壮；春风化雨，桃李芬芳。”歌词

简洁明快而又意味深长，既体现浓厚的文化氛围和独有的校园景观，也塑造了求知、好学、胸怀理想、快乐成长的北大少年形象，展现了北大附小教师投身教育事业的博大胸怀和奉献精神。同时，北大附小所推崇的“快乐教育”理念也不露痕迹地渗透于歌词之中。

三、注重细节建设，丰富诗意活泼的教育内涵

1. 浓墨重彩的“德育长廊”

系列壁画《四育赋》，集中体现了多年来学校在德、智、体、美等方面的教育理念，画面采用传统的立粉画法，以四季为基调，展示了同学们丰富多彩的校内外活动，每幅图画配赋一首，时时激发学生积极进取、勤奋向上的精神。阳光大厅中大型立粉壁画《乳燕初飞》浓墨重彩、场景大气、令人震撼。

2. 欢歌笑语的“艺术长廊”

教学北楼的“艺术长廊”呈现了我校特色艺术活动——娃娃京剧的蓬勃开展。大型壁画《国粹飘香》，把多次专场演出的精彩瞬间巧妙融合在一起，绚丽的服饰，传神的表情，动感的画面，传递出孩子们对民族艺术的喜爱，生动展示了附小学生娃常年在国粹艺术的浸染下不断提升的艺术气质。同时，艺术长廊也是孩子们自己的艺术作品天地，书法、国画、水彩、剪纸、蜡染、脸谱……形式丰富、异彩纷呈、充满童趣。

3. 奇思妙想的“科技长廊”

以“从小爱科学”为主题的大型壁画再现了附小师生积极参与科技实践活动的各种场景。“神奇的宇宙”则把孩子们带入了对无限空间的遐思与妙想之中，模拟实景的太空舱、宇航员、机器人生动、直观，引领学生对探索太空的向往。“信息天地”，大型计算机壁画，色彩艳丽，使人遐想，激发了学生科技探究的兴趣；学生的电脑作品，更是充满了童真、童趣。

总之，高品位的校园文化使学生在潜移默化中接受了人文思想的陶冶，丰富了自己的情感世界，让师生们和谐相处，共享幸福，让校园成为师生们心灵归依的生态花园、精神家园和文化乐园。

和谐卓越的团队,学校教育的灵魂①

这个17分钟的短片《放飞理想》,可以说浓缩了北大附小育人的理念、办学的目标和方法。从德育、美育以及我们整体的国际办学的视野,向大家进行了一个生动的展示。确实是昨天晚上十点半躺在床上的时候,我突然冒出来这么个想法:我给蔡青打了一个电话,说咱们给家长放一放我们新的《校园三字经》,是我们全校要求孩子们诵读,背下来的,也是要求我们老师们背下来的;放一放我们家长们和我们整个团队老师们一起创作的唱给孩子的歌曲——《你是我的骄傲》,这是我们发自心声的想唱给孩子们的歌曲。

我们是捧一颗丹心,育一片心苗。为什么今天我想要先感谢在座的各位,这也是我经常在全体会上跟我们老师们讲的,因为家长们是把他们最珍爱的宝贝托付给了我们北大附小,托付给了我们每一位教师,这份重托和信赖,比什么都重要。家长同志们你们可能不知道,昨天我们一年级的老师们特别可爱,因为我们有要求,我们希望第一天给孩子们留下最美好的印象,让他觉得老师和蔼可亲,校园丰富多彩,让他过渡得非常好,一到学校里来就觉得,哎呀,校园漂亮,老师爱我,我的班级又干净,又整洁,所以一年级的老师们昨天布置教室忙到了晚上九点多钟,特别可爱。我们的老教师、我们领导班子成员到教室里去看看、检查一下大家布置的情况的时候,见他们蹲在地上,连孩子们的桌腿、地面全部都动手擦了一遍。

真的,家长同志们,北大附小应该说是有百年历史,刚才我们在片子里看到了,1906年建校,我们的前身是京师大学堂附属高等小学堂,但是真正迁到燕东园现在这个校址是1952年。我们这个校园里面还有很多名人的故居,比如说,家长们可能会看到,在操场的中间,著名的收藏家也是文物专家王世襄老人的宅子,就是这里唯一保留的清代建筑。还有我们著名的法学

① 摘编自《一起放飞理想——家长开放日上的讲话》。

大家陈守一的故居，著名的诗人何其芳的故居，著名的历史学家翦伯赞的故居，我们都把它保留下来进行了整修。然后每一栋楼，我们都保留了老校牌，为了方便孩子们观看，我们在门前的地上建了石碑，介绍原主人的生平事迹。

家长们看到这个片子，能够感受到北大附小传承了北大的历史和文化，同时它又是独特的一个集体。说真心话，作为校长，我真的为我们的老师们骄傲！我非常爱这个事业！也爱老师们！同时我更爱孩子们！老师们经常说我看到每个小孩我都觉得可爱。我不知道有没有北大附中的家长？当时生书记刚来的时候他不理解我，他到处跟人家说："别听尹超的话，在尹超的心里每个孩子都那么优秀，那么可爱。"因为我们要给他们介绍、推优嘛，推荐"好的孩子"上北大、人大的附中。后来经过了这么长时间的接触，他理解了。

各位家长，我说的是发自内心的话。因为社会上一直在传说北大附小的快乐教育"不留作业，作业少，成天玩儿"，我觉得这是太浅层次的理解了。如果你们参加了我们的"教育家办学思想研讨会"就会明白，事情并不是如此。办这样一个研讨会的小学，不说北京市，至少海淀区我们是头一所。当时一直说要叫"尹超校长办学思想研讨会"，我坚决不同意，当时我跟梁伟就说，如果不叫"教育家"，以团队的名义出现，我就不承办，我说的是发自内心的话，不是我谦虚！是因为有了这个团队，有了我们全体老师共同的奉献和努力，北大附小才有今天的发展。比如昨天我们突然发现，有些班的那个桌椅太旧了，出现掉皮了，已经下班在收拾教室的三年级的老师们二话不说就留下来，还有后勤的老师全都来了，"嘁里咔嚓"一会儿就全都给解决了。还有家长们听的《教师之歌》，说实话每次听到老师们唱这首歌的时候我都会掉眼泪，为什么？因为是我们共同经历的。包括家长唱到，"你们是我的骄傲"，我觉得老师是校长的骄傲，孩子是校长、老师们的骄傲，更是我们家长们的骄傲。

以人为本，快乐发展

北大附小的前身是京师大学堂附属高等小学堂，校园内花木繁茂，古树参天，奇石美池，相映成趣。附小栖身于北京大学校园之中，耳濡目染北大的风气，一贯秉承北大兼容并包的学术理念，自由民主的学术精神犹如春风化雨，在附小的土地上润物无声。

早在20世纪80年代初期，附小就提出“教育不仅是为了学生的今天，更是为了学生的明天”的办学理念。90年代，附小又将办学思想总结为“全面贯彻党的教育方针，力求通过民主和谐的学校管理、自主探究的课堂教学、丰富多彩的课余活动、以美育人的校园环境，创设宽松充实的学校生活，最大限度地开发学生的资质和潜能，使之具有良好的品德和个性，身心健康，快乐地学习和生活，为持续发展打好基础”。2002年，在继承发扬先进教育理念和光荣传统的基础上，紧跟北京大学“建设世界一流名校”的发展目标，我校确立了“国内领先，世界一流”的办学方向及“以人为本，快乐和谐发展”的办学指导思想。

一、管理团队的理念和胸襟

我们强调的快乐，是具有深刻内涵的、体现人生价值的高层次的精神的愉悦，是让全校师生生活充满情趣，富有精神追求，对自然和人类充满善意，懂得感恩，追求进步，追求光明，自信而乐观地面对生活中的挫折和困难。培养具有乐观精神的人，需要为师生创造和谐发展的环境。

学校的和谐发展，应该坚持以人为本，面向全体学生，树立全方位育人观；应使学生受到充分的尊重，在自由愉悦的氛围中全面而富有个性地发展，享受学习，同时具有深厚的人文素养；应使教师得到公平的对待，在宽松民主的环境里，通过合作增强竞争能力，挖掘潜能，展示自我，在辛勤的工作中得到快乐，获得自豪感，并拥有享受生活的能力。

学校的和谐发展，应该是充满活力的。必须积极主动地抓住机遇，迎接挑战，参与竞争。要理直气壮谋发展，千方百计打开校门，接受八面来风，让学校始终处于向上发展的涌动之中。

人性的力量能唤醒人性美、发挥人性美。以人为本，其核心是尊重人、引导人、激励人，发现人的价值，发掘人的潜能，实现人的发展。人文精神的灌注加上情商管理的效应，就能催生积极向上、温馨和谐的校园文化。这理应是办学、养学必要的自觉意识和高尚境界，也是管理队伍、领导班子的必修课。

在新的教育环境之下，我们除了要不断地更新办学理念之外，还要有科学的办学胸襟，有博大的用人胸襟和海纳百川的待人胸襟。

办学胸襟一方面体现在坚持清晰、科学、超前的办学理念，始终以人的发展为核心，促进师生的共同发展和进步。另一方面，学校全面关注全体教师的专业发展，为教师提供施展才能的舞台。教师，传道授业解惑者也。教师是学校育人的队伍。为创建团结、优秀、迈向国际的高水平研究型干部教师队伍，我们加大在职教师的培训培养，努力为老师搭建舞台，使每位教师有用武之地，而无后顾之忧。

领导者要有用人胸襟，不以个人的意志为转移，不凭个人的感情办事，不以个人的利益为重，不以个人的政绩为第一。要大胆地使用优秀人才，积极挖掘新的优秀人才，为优秀人才创造更好的成才的环境，为新的优秀人才铺路搭桥，为创新人才抛“绣球”，从而让优秀的人才有足够的时间与空间，让特殊人才有展示才华的机会与机遇。

领导者还要有待人胸襟：通晓人性，善与人同，对师生能赏识喜爱，以情动人，尽可能把工作建立在对教职工关心、爱护、尊重、信任的情感之上，“激活每一个细胞”，使之发挥最大潜能。

二、以战略的眼光来充实学校的精神内涵

决定学校的办学水平、办学质量的关键是教师。教师的学识、境界、人格会深深地影响学生。因此，学校的教职工队伍需要一种内在的精神支撑，

一种自发的动力驱动。而学校的领导和管理者，则需要站在理论高度上，以战略的眼光来充实学校的精神内涵。为此，我们坚持从以下几方面努力。

（一）情感管理凝聚人心

我校长期坚持以人为本的管理理念，实行以“人和”为目标的宽松、民主、和谐的管理模式，用浓浓的“情”字连接附小人的心。校长努力做到有见识，通晓人性，善与人同，富有事业心、荣誉感，对部下能赏识喜爱；有权威，能服人心，令行禁止；关注教师心灵的苦闷、精神的诉求。教师之间倡导宽容、理解、信任与合作，为自己的成功而拼搏，为别人的成功而快乐。用情管理，突出情商的作用。彼此有了真情，就会产生感动，感动多了，就会形成一种情感场效应，即感动效应。真情的牵系造就了甘于奉献、团结一心的团队，奏出了美好和谐的学校交响曲。非权力影响的、自觉自愿的、自然而然的、不遗余力的持久性敬业、奉献，形成北大附小独特的群体氛围，对每一个成员都产生了磁石般的吸引力。团结、凝聚、豁达、开拓、向上、进取的附小人精神，宽松、激励、创新、活跃的学术氛围，积极、向上、温馨、和谐的校园文化浸润在广大教师的心中。

（二）淡化小我，追求大我

在一个好的团队里，生命影响着生命，心灵融会着心灵。人，只有在自由和愉悦的状态中，潜在能力和创造精神才得以激情发挥。学校靠制度和条律管理，是必要的；但是，建立在文化底蕴的影响和集体价值认同的基础上的隐性管理，才是更持久更有效的。

帮助教师实现自身价值，是教师管理工作的更高层次。我每学期无论多忙，听课都不会少于100节，做到对每个教师的业务水平心中有数。我们为每一位教师的发展创造条件，规划蓝图，为他们充分发挥自己的潜能、形成自身教育教学特色出谋划策。我们强调教师根据自己的特质选准突破口，努力成为独一无二的自己。群星灿烂，胜过月朗星稀，每个人都成为一颗闪光的星，才会感受到自己的价值。

同时我在全校提出“每个人都是重要的，但没有一个人是最重要的”这一管理理念，引领教师在学校的发展中“淡化小我，追求大我”，发挥团队优势；倡导“没有完美的个人，只有完美的团队”“成功靠自己，完美靠合作”，在合作中实现团队的发展，在利益面前实现团队的发展，在交流中敞开胸怀，学会接纳。

一支高素质的教师队伍，必然有一批手不释卷的钻研者。要充分发挥团队优势，集思广益、容纳百川，使教师在与同事、同行教师的研讨、碰撞、争论和解决困惑中不断提升自己的教育教学水平，产生强大的内驱力，从而促进学校教师整体水平的提高。目前，我校已形成以学科划分教学团队的群研模式，平等、互动的校园网络培训为教师团队发展搭建了平台——“数学教师论坛”“语文教师沙龙”“科任教师联盟”和“资源共享驿站”等开放的网上研修培训空间，使我校教师可以随时在网上与同事共同研讨、交流、反思，共享教育教学资源，同时还有“来吧坐吧聊吧”版块供老师们畅谈生活体验，交流生活乐趣，初步形成了我校独特的教师研修文化。

例如我校的数学教师团队中，有中学高级教师、市级骨干教师，也有北京大学数学系的研究生。他们有的理论功底深厚，有的实战经验丰富，大家理论与实践优势互补，利用业余时间自发、自愿、饶有兴趣地对小学阶段“空间与几何”的课程内容进行了系统的研究与梳理。仅上半年一个学期，他们共同研究与探讨出的市区级公开课就达到十余节：李正辰老师的“圆的认识”、李宁老师的“质数与和数”、杨重生老师的“平行四边形面积”、孙雪林老师的“圆的周长”、何秀雯老师的“角的认识”……。这些课程使学生在数学学习中经历了由“山穷水尽”到“柳暗花明”的思维历程，在数学思维得到极大挑战的同时，体会了真正的数学学习所必需的探索、尝试、理解与明析，在情感上获得了由困惑、疑问到豁然开朗的体验，从而形成了北大附小数学课堂教学特色——真正的数学学习！真正的整体把握！真正的关注学生！真正的团队精神！真正的创造性使用教材！

经济教育团队则设计出一个个轻松有趣的游戏，让学生们感知经济学知识：“拍卖”游戏让学生认识通货膨胀的原因及给人类生活带来的影响；“找工作”游戏让学生明白教育才是提升人力资源价值的最佳手段；自编短剧《钱的故事》让学生了解货币的起源；“创办和改善你的企业”游戏教会学生撰写商业计划书和记账，其间老师们还根据商业计划书贷款给学生，鼓励他们创办自己的小企业……。这些内容帮助学生掌握经济学的基本原理，启发学生对生活的体验，引导他们认识社会，培养他们思维的广阔性和创造性。老师们还鼓励学生展开想象，用画笔描绘身边的经济学概念，并在2008年年底将学生的优秀作品编辑成册，出版了《2009北大附小经济概念挂历》。

教师们在教学研究的过程中，也不断开发自身潜力，实现了个性化的自我发展。

（三）拓展教师视野，融合多元文化

我校在重视教师学科类本体知识的校本培训的同时，更注重对教师自身综合素质的校本培训，通过各类专家讲座和国际交流，努力拓展教师的文化视野，融合多元文化。

我校先后请来心理教育专家钱志亮、经济学教授龚敏、理财专家张蕾、健康知识专家马老师、儿童教育专家卢勤、儿童文学家曹文轩、心理学教授刘儒德以及来自各校的特级教师等进行各类讲座，教师们从中学会了调整自己的心态，掌握了个人理财知识，了解了身体保健常识，提高了与孩子、家长交流的技巧，同时学校也在不断帮助教师接近宝贵的思想财富的过程中，营造了高雅的校园文化氛围。

积极搭建国际教育交流培训平台是我校校本培训的重点之一。我校积极鼓励教师参加上级主管部门的各种教研活动，并为教师创造各种外出学习的机会，组织干部教师走出校门、市门、国门，捕捉新信息，接受新理念。“十五”至今，我校与美国宾州大学教育学院、加拿大圣乔治学校、日本岩手大学附属小学、立命馆大学附属小学、韩国首尔大学附属小学、新加坡公教中学附属小学、香港保良局蔡继有学校、美国长岛公学、美国GKE国际教育公司等学校和教育机构建立了长期的交流培训计划，双方派教师互访、派小留学生进行短期交流。学校还选派英语组范冰、刘桂红等四位老师赴伦敦参加了为期三个月的暑期英语培训，派高晨等三位老师利用暑期赴美国特拉华大学经济学院攻读硕士课程。

每次外出交流培训的老师回校后都会进行面对全校的汇报，这在我校已经形成惯例。在这些交流培训活动中，我们的教师了解了美国艺术教育的综合性特点，了解了日本的数学教育注重活动的特色，了解了韩国、新加坡严谨、创新的学校和教学管理特点。各类教育交流、培训等活动方式，促进了中外教育思想、教育观念和教育方式的碰撞、互补，拓展了我校教师的国际教育文化视野，而与美国GKE公司的信息技术交流更是促进了教师"One World，One Class"国际化教育理念的形成。

在教学管理中，对教师的教学效果的评价，应由传统的以评价其所教学生的学业水平为主的模式向全方位、多角度、定性定量相结合的评价模式转变。评价的基本出发点应定位于：倡导敬业精神，探索精神，创新精神；帮助学生树立学习的信心，提高学习兴趣；通过新观念、新方法的引入和运用，使课堂教学的每一个环节和流程更有助于培养学生思维的创造性，使学生在学习中更具有探索兴趣，促进教与学双方良性互动、提高。

总之，唱好"关心、尊重、培养、督促、鞭策、激励"人文核心六步曲，使教师在帮助学生成长的过程中，不断挖掘自身的潜力，发展个性，实现自我超越和持续发展，在育人的事业中体现生命的价值，在学校的发展中获得职业幸福感。

第二章 学玩合一，幸福一生

第一节 多元文化课程①

我们来讨论一下多元文化课程。我们一直在探索做一个独特的课程体系，就是除了国家规定必须完成的课程之外，我们想做一个叫多元文化的北大附小课程体系，在这个体系里要融入北京大学教授们的才华。你们可别小看孩子们，他们知道的东西太多了，他们读的书太多了，甚至比我们有些成年人还广，所以我们想做这样一个多元化的知识体系。

我们有几个方案，这里只说其一。我们每两周以全年级的形式，给孩子们拓展什么呢？人文的，科学的，"国际理解"的，经济与社会的，等等，现在北大附小已经有了我们独特的课程，这是其他学校没有的，是我们的老师经过十年的探索而逐渐成形的。其中，国家承认的机器人教程是我们独具特色的，从三年级就开设的课程。还有一个就是经济学课程，通过学习这个课程，孩子们对一些经济学概念、现象，比如稀缺、自由贸易等的理解会非常生动。

我们就想从一年级开始，比如说我们有一个横轴是孩子的年龄段，有一个纵轴是六年循序渐进，跟着他年龄特点，比如人文的我们要进行什么，比如说生命科学，我们就给他分几个，比如说一年级就有生命的起源，孩子会经常问的我是哪里来的，等等，不同领域的，横轴、纵轴……。此外还有一个深入的就是情感态度这一个纵轴体系里面的，我们现在已经设计了很多的列表和我们的目标，还有一些我们具体要做的，比如说生命科学类，自然科学类，人文类，沟通能力，领袖能力，文化差异，等等，这些，我们要把它做成一个多元的课程体系。

我就跟老师们讲，你想咱们北大附小的孩子如果从一年级到六年级每

① 本文为 2012 年 9 月一年级家长会上的讲话。

两周一次，每次两节课，这六年下来他得增长多少系统的知识？不光是知识，还有能力，所以我也希望咱们北京大学的教授家长们，还有咱们校外的有识之士给我们一些建议，加入到我们家长委员会，共同给我们的孩子们开发一个非常系统、科学的课程。

第二节 从唱戏到美育[①]

著名教育家蔡元培曾说：“美育之目的，在于陶冶活泼敏锐之性灵，养成高尚纯洁之人格。”多年来，北京大学附属小学把自由民主的北大精神渗透于办学实践中，把文化熏陶融汇于艺术教育中，始终秉承以美育德、文化育人的传统，尝试用春风化雨、润物无声的美育方式培养学生对美的感知、美的领悟、美的判断，不断提高学生的人文素养和创新精神。

作为北京市金帆团，我校在上级领导的关怀指导下，在全体老师的努力下，坚持以“传承国粹艺术，弘扬民族精神”为办团宗旨，以内涵发展和特色建设为主线，面向全体学生，推进素质教育，培养学生良好的艺术素养。学校制定的艺术教育发展规划，把金帆团工作始终纳入学校整体教育计划之中，坚持“主体参与、整体发展、协同创新、民主个性、实践探究、激励进取”六项原则，在丰富多彩的实践活动中，为学生搭建平台，创设更有吸引力的艺术课堂，成立高水平的艺术社团，使艺术教育取得了突出的成绩，金帆团的建设也不断迈上新的台阶。

一、办学理念领航艺术教育

北京大学附属小学成立于1906年，她的前身是京师大学堂附属高等小学堂。学校古朴典雅，底蕴深厚，花木繁茂，书香浓郁。受北京大学民主开放的文化滋养，北大附小一直重视全人教育，重视人的自由和谐、全面发展，树立了“以人为本，快乐和谐发展”的办学理念。我们认为，每一个生命都是独特的，每一个生命的需求都是多种多样的，每一个生命的发展形态都是多

① 摘编自《娃娃唱戏，国粹生辉——2014年北大附小金帆京剧团自评报告》。

姿多彩的。教育的使命就是给予他们适宜的阳光、雨露和沃土，爱和自由的空间，让每一个生命都得到绽放。在这样的办学理念指导下，我校艺术教育活动蓬勃开展，生动活泼、多元发展、个性彰显、富有魅力正成为突出的特色。如《北大附小校园三字经》中提出的“顺其性，驰其想，言儒雅，行端庄。专心学，痛快玩，体健康，心坦荡。习武术，展舞姿，诵经典，唱京腔。涂彩画，学科技，行天下，观万象。少年郎，亦自强，卓不群，合相长……”，正是对这一特色的生动诠释。

二、精细管理提供发展支撑

我校现有京剧团成员80人，分为男团、女团，各团按年龄梯队又分为一队、二队。学校为京剧团聘有稳定的专家指导队伍，他们来自中国京剧院和北京京剧院，另外还有2名专业教师，他们积极配合京剧专家的指导，对京剧团学生进行科学有效的训练。在学校金帆团的管理中，我们坚持做到以下几点。

第一，健全机构，分工明确。学校除了正常的行政管理渠道外，还专门成立了由校长、主任、专业教师组成的京剧团工作小组，确保责任到位，分工明确。第二，形成制度，管理到位。学校严格执行教育部的有关规定，各年级都开足、上好艺术课。每周一、二、五下午的固定时间在全校和社团范围内开设艺术活动课。金帆团管理则更加细致，不仅有计划，有总结，也有活动记录、制度章程等。在质量监控上，我们有计划地做好新老队员的梯队培养工作，建立健全学生个人成长档案，引导、激励、记录学生艺术特长发展的状况。在效果评价上，学校建立了艺术特长生表彰制度，特别设置了“艺术小明星”奖项，在每个学期末进行表彰，对于各艺术团中表现突出的学生更有相关的奖励条例。第三，经费保障，设施完善。学校每年都有艺术教育专项经费作保障，不断进行艺术教育硬环境的设施补充和改建。京剧团配备专门的准备室，并拥有3处排练场地，面积达到220平方米，并配备把杆、镜子、地毯、多媒体等设施。学校精心策划、组织专场演出，添置服装道具，购买更新乐器，聘请专家，安排各种艺术交流活动，同时还拿出一定资金奖励有特长的学生和有突出成绩的指导教师。金帆艺术团京剧分团的经费更是专款专用。所有这些工作使得金帆团的外在水平和内在品质都得到了不断提升。

三、卓越团队铺就艺术沃土

学校拥有一支精明强干的艺术教师队伍，其中市级骨干2人，区级骨干2人。在教育科研上，我校主张全体教师集体参与，共同研究，共同提升。近年来，我们参与了全国教育科学“十二五”规划教育部重点课题“非物质文化遗产校园传承研究——民族音乐——京剧校园传承研究”课题项目，老师们撰写的多篇论文、教学设计、教学案例均在市级京研杯、京美杯、国家级优秀论文征集活动中获得奖励千余次。

在课堂教学中，我们积极营造自觉学习、反思的教研氛围，经常聘请各类专家来学校讲座，同时鼓励老师外出参观、考察、参与多种形式的学习和培训。在集体教研中，我们注重全学科的艺术渗透，让艺术成为各个学科课堂教学的重要内容之一，不断增强学生对艺术的感性和理性认识，让艺术课堂更有魅力。学校还选派教师参加全国、市区的各项艺术进修，邀请美国、日本的艺术专家来校给学生们上戏剧课、艺术创意课，并和我们的教师面对面交流。我校的艺术教师也多次赴美、日、新加坡听课学习，并为外国学生授课。今年7月，我校选派了2名青年教师应邀赴美国林肯艺术中心参加暑期艺术培训。通过“走出去，请进来”这样形式的频繁交流，我校艺术教师的国际视野明显提升，专业水平不断提高。

四、文化传承播散艺术之花

学校积极为每一个学生提供欣赏美、创造美、展示美的机会，现在，学校已拥有多支各具特色的艺术社团——金帆京剧团、舞蹈团、合唱团、管乐团、书画社。这“四团一社”的活动开展得有声有色，俨然成为北大附小五色沃土中盛开的一朵艳丽多彩的五色花。

全校大型艺术展示活动——“燕园芳菲艺术节”坚持连年开展，人人开口唱，班班有歌声，个个登舞台，年年有特色，为每一个孩子创造了展示风采、发挥特长的机会。

近三年，学校开展了一系列以金帆团为龙头的具有相当影响力的艺术教育活动——2012年6月，我校举办"大型校园音乐舞蹈诗《五色沃土》——北大附小校园变迁60周年"主题文艺演出。学生、教师、家长近千人参加主题演出，呈现出美轮美奂、快乐生动、震撼人心的精彩场面，展现了北大附小历史文化的厚重传承、当代校园的和谐创新，构建出绚丽多彩的美好明天。这既是一次文化寻根之旅，也是理想放飞之旅。此次演出获得圆满成功，在中央电视台少儿频道全程播出，被媒体评为"用艺术形式演绎学校变革与发展的典范"！

2013年12月18日，我校在北京大学百年讲堂成功举办了"国韵新声，廿载流芳——纪念北京大学附属小学金帆京剧团建团20周年"专场演出。金帆京剧团与舞蹈团、合唱团、武术团、弦乐团联袂携手，共同打造出一台精彩而又凸显我校文化特色的节目，获得圆满成功。娃娃京剧为传统艺术注入了新的活力和时代气息，受到师生、家长以及领导来宾的高度赞誉。

京剧团的蓬勃发展也带动了舞蹈团、合唱团、管乐团及书画社的进一步发展，近两年学校又新成立了英语戏剧社。各社团表现活跃，积极参加区级、市级、国家级各项艺术比赛，成绩显著。2013年9月，我们组织全校学生观看儿童话剧《校园三剑客之神秘老师》。2014年5月，我们又将资源单位国家大剧院推荐的优秀乐队——李飚室内打击乐团引入校园，一场场精彩演出受到附小师生的热烈欢迎。

五、特色金帆散发时代魅力

1. 金帆团建设与"京剧进课堂"有机相融，京剧课程特色浓郁，趣味盎然

娃娃京剧在我校开展的时间较早，具有广泛而深厚的学生基础和强大的影响力。因此，学校把金帆京剧团的工作和京剧进课堂试点学校的课题研究结合起来，根据不同年级选择不同曲目，把京剧欣赏和学习唱段融入音乐课程之中，让每个学生都能开口唱上几段京剧。每次专场演出，附小师生

同台献艺，台上台下全员参与，形成学校独特的艺术氛围和表演传统。

生动活泼的京剧课堂教学和丰富多彩的京剧课外活动相辅相成，不断推动我校京剧进课堂的课程研究又上一个新台阶。在艺术团队集体教育实践的过程中，我们不断尝试新的课程设计与课堂环节的实施策略，最大限度地激发学生的学习兴趣，并且尝试新曲目，挖掘更多的教育元素，完善学生的艺术素养。2013 年，在国家全面深化教育改革的大背景下，北大附小根据市、区基础教育课程改革的重要精神，初步确立了北大附小生命发展课程框架和实践体系。在这之中，艺术类校本课程教材《国粹娃娃》和《娃娃创意美术》也正在积极开发、筹备和编写中，艺术教育课程也更加多元化、立体化。

2. 大胆探索内容与形式的丰富创新，娃娃京剧推陈出新，童真彰显

国粹京剧历史悠久、博大精深，但要让新时代的儿童接纳并喜爱，就要精心选择、敢于创新。在节目创作上，我们努力把握好传承与创新的关系，力求雅俗共赏、与时俱进。在保留原有特色和风格的基础上，我们推陈出新，不仅创编既有教育意义又有艺术欣赏性的儿童京剧剧目，也大胆改编原有剧目，老戏新唱，使节奏更加紧凑，表演更富情趣，以适应新时代儿童的兴趣和欣赏角度。

不仅如此，我们还在音乐、唱段、服装、舞美等方面进行了大胆尝试和再创作。尤其在伴奏音乐上做了较大幅度的改革，大量融合了民乐与西乐的元素，突破了原有京乐伴奏的单调，使旋律更加流畅优美，音色更加丰满而有层次，增加了京剧节目的艺术表现力。

在表演形式上，我们尝试把京剧节目与民族舞蹈、合唱、古诗文诵读、武术表演等不同艺术形式相结合，舞台上下互动呼应，形成不拘一格、新颖活泼的多元化表演风格，使古老的京剧艺术焕发新的生机，使孩子们更加了解、热爱京剧艺术，唤起他们主动学习和传承的意识。

近年来，我校京剧团创新改编的节目多达十几出：中英文演唱《红灯记》选段《都有一颗红亮的心》、《苏三起解》，以及《贵妃醉酒》、《红梅赞》、《天女散花》、《孙悟空斗罗汉》、《卖水・报花名》、《虞美人》(原《霸王别姬》)、《四郎探母・坐宫》、《奔袭》、《春日牧牛》(原《小放牛》)、《赤桑镇》、《铡美案》等。

3. 弘扬民族精神，融汇世界眼光，娃娃京剧辐射社会，影响世界

金帆团不断拓展视野，扩大交流空间，不仅多次在日本、韩国、加拿大、新加坡、美国、加拿大、印度尼西亚等教育代表团来我校访问的欢迎活动中表演精彩节目，还多次出访欧亚各国，传播中华文化，弘扬民族精神：赴俄罗斯，在国际儿童舞蹈节中脱颖而出；赴法国，在中法文化交流活动中尽显风采；赴新加坡，弘扬中国文化，受到总统接见；赴新西兰，被大使誉为"出色的文化小使者"；赴美国，在纽约和康涅狄格州多所校园掀起浓浓中国风；赴奥地利，娃娃京剧唱响金色大厅；赴印度尼西亚，专场演出唤起爱国华侨的炙热中国情……。在自身发展的同时，京剧团也积极参加金帆实践之旅，走进部队、警营、周边社区、外阜区县演出，努力发挥辐射作用，回报社会。

娃娃唱戏，国粹生辉！以金帆京剧团为龙头的艺术教育活动在北大附小蓬勃开展、卓有成效、独具特色，不仅为金帆团学生，也为附小更多的学生创建了展示个性与才华的机会。在生机勃勃的艺术教育活动中，在多元文化交融的人文环境里，北大附小这所百年老校处处流淌着美的心音，飘扬着美的旋律，展现着国粹的魅力！

第三节 科技引领学生创新力①

创新，是人类社会进步的动力。培养学生的创新素养和能力是时代赋予教育的重要使命。北京大学附属小学作为北京市首批学生金鹏科技团分团，一直以来根据市区教委科技教育文件精神，围绕“培养学生的科学素养、信息素养，让学生爱科学、学科学、崇尚科学”的科技教育总目标，以及“普及与提高相结合、基础与实践相结合、动手能力与创新意识培养相结合”的科技教育总原则，努力在普惠与提高两个层面开展丰富多彩的创新型科技教育活动，唤醒每一位学生的创新潜能，通过个性化的课程和教学活动，把我校的科技教育工作落到实处。

机器人项目作为我校科技教育龙头项目，最初发源于2000年。从最初十几个学生的兴趣小组，发展到几十个人的科技社团，以至目前三、四、五三个年级的机器人必修课，机器人项目走过了辉煌的历程，已成为开启学生创新潜能和促进学生思维迸发的钥匙。下面，我将以机器人特色项目为主汇报我校金鹏科技团分团的建设情况。

一、垂直管理，层级管控，合理规划金鹏团的总体设计

我校科技教育工作实行垂直管理，层级管控的策略。具体来说，就是校长作为学生金鹏科技团分团长，直接牵头分团的组织架构、经费运营和大型活动管理工作。团长下设有科技教育中心，中心又下辖10个独具特色的分社团，负责10个科技特色项目的具体活动实施。具体结构图如下（图1、图2）。

① 摘编自《科技教育，唤醒潜能——2013年北京大学附属小学金鹏科技团工作汇报》。

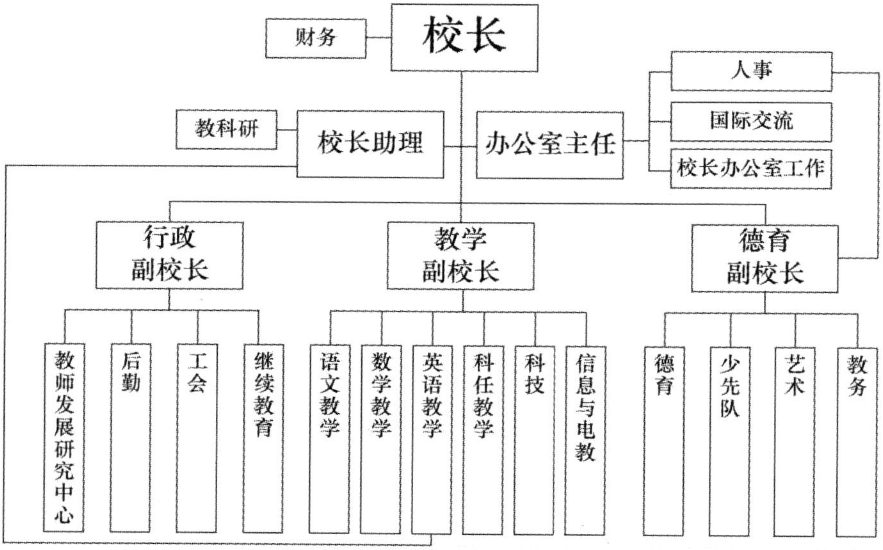

图 1　北京大学附属小学组织结构图

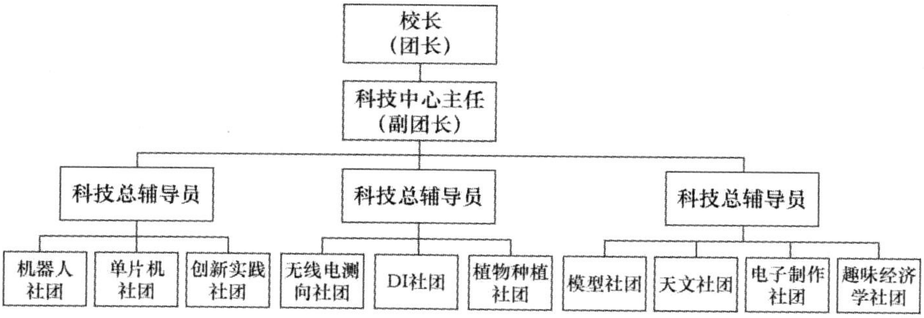

图 2　北京大学附属小学学生金鹏科技团分团组织结构图

团长、科技教育中心主任、各分社团负责人的职责分工见表 1 所示。

表 1　科技教育工作领导小组分工职责表

	姓名	职务	分工
组长	尹超	校长 金鹏科技团分团长	指导学校总体科技教育，金鹏科技团分团总负责人，主持制定科技教育方针、政策，并监督科技教育的实施情况。

续表

	姓名	职务	分工
副组长	何立新	科技主任 金鹏科技团副分团长	负责金鹏科技团的日常工作、学校科技教育具体实施，主持制定科技教育计划、实施方法和考核办法，组织开展科技教育活动、学生科技节活动，负责科技教育软硬件建设和维护、使用。
成员	任辉	科技总辅导员 信息技术组组长	负责机器人社团、单片机社团、创新实践社团的建设，组织开展机器人等科技活动和开发校本课程，主持机器人相关课题的研究工作。
	杨融冰	科技总辅导员 科学组组长	负责模型社团、天文社团、电子制作社团、趣味经济学社团和学森智慧小屋的建设，并组织相关的各种科技活动和开发校本课程，主持科技相关课题的研究工作。
	石润芳	科技总辅导员	负责无线电测向社团、DI社团、植物种植社团的建设，并组织相关的各种科技活动和开发校本课程。
	于锡环	机器人社团负责人	负责机器人社团的建设，并组织相关的各种科技活动和开发校本课程。

我校还为机器人活动的开展创造了一流的软件和硬件环境。在师资建设方面，我校有5位专职教师，其中包括全国优秀科技辅导员、全国青少年机器人竞赛“十佳”优秀教师、北京市青少年机器人竞赛“十佳”优秀教师和海淀区科技园丁、海淀区优秀科技教师，有北京市学科带头人1名，海淀区学科带头人2名。其中何立新老师还是全国青少年机器人竞赛、北京青少年机器人竞赛和北京市学生机器人智能大赛的项目裁判长、海淀区青少年机器人竞赛总裁判长。任辉老师和李岩老师是北京和海淀区青少年机器人竞赛裁判员。为了提升老师们的业务水平，学校每年选送教师参加各级各类科技教育培训，同时，还采取了外聘专业教师与校内科技辅导员共同联合的方式，大家以学促思，以研促教。

在硬件方面，学校着力扶持金鹏科技团建设。2013年，学校投入100多万元，建成3个机器人专业实验教室（如图3所示）。如今，3个机器人专业实验室与新落成的学校植物温控室、天文馆相得益彰，让全校学生感受到了日常科技教育带来的强大辐射力量。

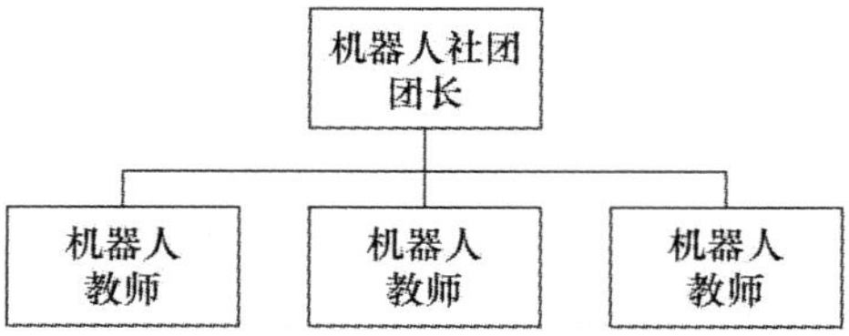

图 3　机器人社团组织结构图

二、三维并举，立体实施，生动突显金鹏团的实施特色

我校科技教育是脚踏实地、多层次、全方位实施的。学校始终坚持课内外与校内外相结合，普及与提高相结合，科技活动与学科融合相结合，真正让每一个学生在活动中发展个性、培养特长、提高素质。这一点，在机器人特色项目的建设上有着充分的体现。

1．充满生机的机器人社团建设

我校作为海淀区教委首批机器人教育基地校，自 2000 年起，大力扶持推进机器人创新活动开展。十几年间，学校逐步建立完善了机器人项目开发与管理机制，实施了有规划的机器人教育教学活动，培养了一批具有机器人项目开发和实践能力的科技教师。学生在各种机器人竞赛中取得了许多优异成绩，我校机器人活动也陆续受到了社会各界的赞赏和关注。

为了有效地开展机器人活动，我们搭建了四级教师梯队：第一级团队是学校所有支持机器人活动的领导、班主任和科任教师；第二级主要是由何立新老师负责，针对整体的机器人活动开展作全方面的技术以及赛事方面的指导；第三级主要是由任辉老师负责，针对机器人活动具体的开展进行工作分配、协调和组织实施；第四级主要由信息组教师组成，负责具体的机器人活动项目，如 FLL 机器人世锦赛、VEX 机器人大赛、机器人足球、机器人舞蹈和机器人创意等。

为了对学生进行个性化的教学，我们把机器人社团的学生分为 A、B、C 三个梯队：A 班为竞赛班，主要针对竞赛项目集中训练；B 班为竞赛准备班，以训练竞赛项目内容为主；C 班为普及班，训练内容为结构设计搭建、编程等。本着“社团推精品，实践造人才”的指导思想，我们定期安排A、B、C班成员进行学习成果交流，不断培养学生的实践能力和心理素质。

学校非常重视机器人社团建设，从物质上给予大力支持。在3间机器人专业教室中，有2间为上课专用教室，1间为学生活动室。上课专用教室配备了台式电脑、平板电脑和机器人器材，学生在教室中可进行搭建、编程、测试等学习活动。活动室分别为FLL机器人世锦赛、VEX机器人大赛、机器人创意等项目配置了专用设备与器材，学生可以在这里尽情发挥自己的才能，搭建自己的机器人，不断进行创新实践。

机器人社团活动始终强调以学生为主体，给学生提供自由发展的空间，充分发挥潜能，在学习活动中培养自信、合作和独立思考的良好学习习惯。通过活动和比赛，学生的沟通能力、团队精神、合作意识、创新能力、分析能力都得到了提高，自信心也得到了增强。

2. 因地制宜的机器人校本课程开发与实施

我校机器人校本课程“以兴趣为根基、以课题为助力、以探究为方法、以合作为保障”，开创了“任务驱动、提高兴趣—分析研究、确定策略—合作探究、尝试制作—观察记录、整体提升—学以致用、形成素养”的机器人课堂教学模式。在机器人必修课的学习中，学生学会了知识、提高了技能、掌握了方法，为终身学习打下了科学的基础。

为了普及机器人教育，我校在机器人社团建设的基础上，在三、四、五三个年级开设了机器人必修课，每个学生每周上一节机器人课，使每一个在北大附小就读的学生都具有初步的机器人相关知识与技能。

通过多年的实践，我们在因地制宜的条件下，在自我摸索的过程中，自主研究开发了智能机器人校本教材《机器人探索》和《神奇的单片机》，目前已由北京大学出版社正式出版，至今已销售10 000册，为北大附小学生以及全国同龄孩子开展机器人教育活动提供了有益的参考。

3. 立足实践的机器人课题研究

为了提高机器人教学水平，我校教师以机器人教育为载体，进行了相应的课题研究。几年来，我校申报了近10项研究课题，如中国教育学会“十一五”教育科学规划课题“钱学森大成智慧研究”子课题“利用合理、有效的机器人教育教学内容、形式与方法，提高学生的创新能力”，结题成果获全国优秀结题成果一等奖；中国教育发展战略学会“十二五”专项课题“钱学森大成智慧教育研究与实验”重点子课题“基于信息技术课堂教学培养创新思维的策略研究”，其研究成果《机器人教育与学生创新思维培养》获得国家社会科学基金课题优秀成果二等奖……

通过基于课题的教学研究，我校教师取得了多项研究成果，教学实践水平显著提升。2013 年，何立新老师出版了研究型专著《信息技术教学与创新思维培养》一书，探讨信息技术与机器人教学的方法与策略。他的论文《多维度结合调动学生学习的主动性》也在国家核心期刊《中国电化教育》上发表。任辉老师撰写的机器人教学文章在《漫画科学》和《科技创新与品牌》等杂志上发表。此外，我校机器人校本课程还获得了全国教育科学重点课题优秀结题成果一等奖、北京市基础教育课程建设优秀成果一等奖等诸多奖项。

三、学生成才，教师成长，团队创造金鹏团的卓越成效

近几年，我校学生在国际、国内机器人竞赛中屡获佳绩，足迹遍及美国、荷兰、丹麦、墨西哥、新加坡、澳大利亚等多个国家。我校的学生有机会和全国甚至全世界的机器人爱好者一起享受比赛的过程，既提高了水平又开阔了眼界。开展机器人活动以来，我校学生共获得包括 RoboCup 机器人世界杯冠军、全国青少年机器人大赛金牌在内的各种级别竞赛奖项累计约上千人次。近三年，获得国际比赛一等奖 1 次，全国青少年机器人竞赛金牌 2 枚、银牌和铜牌多枚，市区各种奖励多项。三年来，学生在各级机器人比赛中获得一等奖的就达 35 人次。很多科技特长生被人大附中、101 中学等学校录取。

机器人社团的成绩离不开教师的努力。在这个过程中，5 位老师以机器人教学为载体，共同研究以课堂为平台的机器人教学方法，切磋竞赛解决方案，编写机器人校本教材，研究机器人教育课题……。团队共同努力，取得了很多优异的成绩：如由机器人项目教师组成的信息技术教研组被评为全国优秀教研组；学校被评为北京市学生金鹏科技团和北京市科技教育的示范学校等。

第四节 隐形的翅膀——为孩子的终生幸福奠基

教育是培养人的事业，学校教育的本质意义是面对人的生命，因此学校教育的终极目标不应仅仅是学生学业的发展，更重要的是要让孩子们体会到生活的美好与快乐，让他们有一个强健的体魄，阳光灿烂的心态，乐观向上的人生态度，良好的兴趣与习惯，开阔的胸怀与包容的心态，勇往直前的精神和百折不挠的意志……

无论是学校管理，还是我们的课堂教学都应源于生命、基于生命而又为了生命；应处处洋溢着生命的气息、涌动着生命的活力、跳跃着生命的律动。

北大附小承袭于京师大学堂附属高等小学堂，校园内花木繁茂，古树参天，奇石美池，相映成趣。附小栖身于北京大学校园之中，耳濡目染北大的风气，一贯秉承北大兼容并包的学术理念，自由民主的学术精神犹如春风化雨，在附小的土地上润物无声。冰心老人的题词“专心地学习，痛快地游玩”饱含了老人对附小的殷切希望，同时也开启了附小人追求“幸福教育”之门，这句题词也成为学校办学之宗旨。

一、科学先进的办学理念——幸福教育的源泉

北大附小几十年来十分重视人文思想。早在20世纪80年代初期，附小就提出“教育不仅是为了学生的今天，更是为了学生的明天”的办学理念；到90年代，附小又将办学思想总结为“全面贯彻党的教育方针，力求通过民主和谐的学校管理、自主探究的课堂教学、丰富多彩的课余活动、以美育人的校园环境，创设宽松充实的学校生活，最大限度地开发学生的资质和潜能，使之具有良好的品德和个性，身心健康，快乐地学习和生活，为持续发展打好基础”。2002年，在继承发扬北大附小先进的教育理念和光荣传统的基础

上，紧跟北京大学“建设世界一流名校”的发展目标，我校确立了“国内领先，世界一流”的办学方向及“以人为本，快乐和谐发展”的办学指导思想。“让每一个学生享受幸福的教育，让每一个教师享受教育的幸福”也是我们追求的目标。

二、宽松民主的管理机制——幸福教育的保障

我校长期坚持以人为本的管理理念，将幸福教育融入管理机制之中，实行以“人和”为契机的宽松、民主、和谐的管理模式。建立有效的民主管理平台，将学校的意志变为教职工的自觉行为，将教职工的管理智慧、发展愿望和合理的心理需求上升为学校的管理策略，从而形成全校凝心聚力、共谋发展的良好氛围。

1. 坚定不移地实现校务民主

我校管理团队共 10 人，老中青相结合。市区学科带头人、中青年骨干教师和中学高级教师及获得市区级荣誉的有 7 人，全部为大本以上学历，其中 1 人是特级教师，1 人为双硕士。我们坚持每一个领导班子成员都是管理的主体，都是支撑学校的大梁。在班子里，学校的任何事情都公开讨论研究，因此，大家口径一致，劲儿往一处使，形成了坚强的、追求卓越的战斗集体。而且在大小事上都积极调动群体的参与意识，所有大事及时向全校教工通报，政务财务一向公开，使大家清楚明白。在开展实际工作时，全体教工都具有高度认同感，能自觉调整自己的思想行为，配合默契，从而使学校成为管理者与被管理者共同驾驭的组织。

2. 努力激活和优化内部管理体制

首先，学校以慎重的态度对教职工队伍进行了优化重组，实行全员聘任合同制。教师的转岗、解聘，学校“给时间，留余地，垫台阶”，“一碗水端平”，因此做到了人人心服口服，没有留下任何“后遗症”，也很好地强化了竞争意识、责任意识；其次，工资方案涉及到每一个教职员工的切身利益，学校坚持科学的态度，通过深入细致的调查研究，坚持民主运作，调动了员工的参与，稳步推进，使工资调整方案逐步完善。北大附小实行的一系列人事制度改

革，规范了管理，调动了积极性，加大了竞争力度，促进了学校管理水平、教育教学水平的提高，形成了学校成熟的有生命力的人事机制。

3. 科学评价与情感管理相结合

坚持“以制度管理为基础，以科学评价为动力，以情感管理为桥梁，以师生发展为根本”的管理思想，探索现代学校管理体系，形成学校管理的有效层次与结构，建立充满幸福关怀的教育教学管理团队，共同担负学校发展的重任。

在教学管理中，评价教师的教学效果由传统的以评价所教学生的学业水平为主的模式，向全方位、多角度、定性定量相结合的评价模式转变，促进教与学双方良性互动、提高。

三、完备一流的硬件设施——幸福教育的基石

北大附小地处清代的王家花园，占地面积 24 800 平方米，历史悠久，古木繁茂，环境幽雅。2004 年开始，学校对 50 年未变的北大附小进行了整体规划和彻底改造。从整体规划到局部设计，我们坚持环境即课程、环境即教育的思想，注重以人为本、坚持依树建校，建起了全国第一幢生态教学楼，学生一年四季不出教室就能呼吸到清新的空气，夏季不用空调就可以享受到秋天般的凉爽。

学校还投入巨资改善内部设施：完善的校园网保证了师生信息交流的畅通无阻；每个教室配置的液晶电视和电脑实投，使老师教学更方便，学生学习更便捷；专门用于国际交流的 GKE 教室已经发挥出优势；28 个专用教室把孩子们带进五色缤纷的知识世界；现代化的小讲堂更是为开展教科研活动提供了方便场所；绿茵操场和地下车库给孩子们带来更广阔的活动空间。

四、底蕴丰厚的校园文化——幸福教育的浸染

学校办学特色的形成，一靠历史的积淀，二靠自觉的建构。善于思考并勤于实践的北大附小人有着自觉建构的激情与信心。在推进学校文化建

设、全面提升学校内涵的过程中，我们立足校情，突出特色，构建一种科学的、人文的、健康的、充满特色与生机的学校文化体系，使校园真正成为师生们享受“幸福教育”的精神家园。

1. 温馨、雅致的校园环境——“生态花园”

校园内点缀着古色古香的明清建筑——王家花园（王世襄先生故居），以及我国著名历史学家翦伯赞先生、著名马克思主义法学家、法学教育家陈守一先生，著名现代散文家、诗人、文艺理论家何其芳先生居住过的三栋欧式别墅；园内有 25 个品种共 242 棵老树，四百多棵绿竹，十多棵龙爪槐和玉兰树，还有大量的珍珠梅、榆叶梅、金银花、迎春花、红瑞、连翘、大叶黄杨等灌木；假山、奇石、流水、红廊、雕塑、喷泉相映成趣。古朴、典雅而又充满现代气息的校园环境成为师生幸福成长的“生态花园”。

2. 和谐发展的育人氛围——“精神家园”

长期以来，北大附小坚持以美育德的德育传统，通过营造快乐和谐发展的育人氛围让学校真正成为学生的精神家园。其中颇具代表性的“长廊文化”，彰显了附小特色，陶冶了学生心灵。

“科技长廊”：再现了附小师生积极参与科技实践活动的场景，把孩子们带进了无限的遐思妙想中，激发了学生科技探究的兴趣和自豪感，激励北大少年不畏艰险、勇于创新、志在科学的信心与勇气，以及对人类与自然和谐统一的美好憧憬。

“艺术长廊”：展示了孩子们自己的艺术作品，书法、国画、水彩、剪纸、蜡染、脸谱……形式多元、异彩纷呈、童趣盎然，尽情挥洒出孩子们丰富的想象力和艺术创造力。

“德育长廊”：传统壁画《四育赋》色彩绚丽、图文并茂，生动展现了我校学生德、智、体、美全面发展的风采以及开展传统特色活动的场景。《乳燕初飞》大型立粉壁画把北京大学、北大附小的自然环境、人文环境及“乳燕初飞”的深刻寓意都精心浓缩于这一方画面之中，揭示了我校校歌的主题——“未名湖畔，朝霞石旁；紫燕喃喃，书声琅琅”。南楼四个楼层的设计既相对独立，又层层提升，“赏校园”“赞北京”“爱中华”“瞰世界”，体现了北大附小学生的成长之路——做优秀的北大少年，做文明的北京人，做堂堂正正的中国人，做视野开阔的国际人。

“校园十三景观”的打造，配合师生共同参与的诗歌创作活动，把赏校园、知校史、爱附小的教育融于文化熏陶和精神感悟之中。

3. 丰富多彩的特色活动——“文化乐园”

北大附小通过开展丰富多彩的学生活动，为孩子们搭建了展示风采、张扬个性的舞台，促进了学生的全面和谐发展。我们注重以美育德，以艺术活动塑造每个人潜在拥有的人文精神。近几年，我校举办了“大红绸舞起来”“花枝俏”“国粹飘香”“北大少年唱响奥运”等大型文艺演出。台上台下你唱我应，人人参与，个个展示。

我校50多个兴趣小组，吸纳了全校多数学生，保证了学生全面发展与学有特长的和谐。三朵民族艺术的“小花”——民歌合唱团、民族舞蹈团、娃娃京剧团不仅多次在全国获奖，而且走出国门，在奥地利、俄罗斯、法国、日本、新加坡、美国、新西兰等国家演出，成为中华民族文化的传播者。“诵千古美文，做少年君子”，古诗文诵读活动在全校开展多年，每个学生都是古诗文诵读团的成员。学校多次被授予“全国诵读中华古诗文示范校”。

科技活动是我校的一道亮丽风景。代表现代科技发展的电脑机器人、计算机、电子制作、天文观测、无线电测向等活动开展得有声有色。

我校的棒球、篮球、武术等课外小组也是虎虎有生气，多次赴外交流。

北大附小网站在师生们的共同努力下，不断完善，深得学生与家长的喜爱。温家宝总理到我校视察时，也对网站给予了充分的肯定。网站现已成为“中国少年儿童信息研究基地”的示范窗口，并获得“北京市优秀网站”的光荣称号。

多种活动的开展，为孩子们打开了多彩的学习生活的大门。他们在获得独特的个性发展的同时，还在潜移默化中接受人文思想的陶冶，丰富了自己的情感世界。这对孩子们今后的人生发展也必然产生积极影响。

高品位的校园文化，让师生们和谐相处，共享幸福，校园成为了师生们心灵归依的“生态花园”“精神家园”和“文化乐园”，从而使校园管理达到一种“无为而治”的至高境界。

五、和谐卓越的教师团队——幸福教育的灵魂

决定学校的办学水平、办学质量的关键是教师。教师的学识、境界、人格会深深地影响学生。因此学校的教职工队伍需要一种内在的精神支撑，一种自发的动力驱动。团队的领导和管理者，则需要站在理论高度上，以战略的眼光来充实附小精神的内涵，形成团结、凝聚、豁达、开拓、向上、进取的精神，并使之浸润在校园的每一个角落，成为附小人共享的精神宝藏。

1. 弘扬团队精神，搭建幸福平台

在一个好的团队里，生命影响着生命，心灵融会着心灵。人，只有在自由和愉悦的状态中，潜在能力和创造精神才得以激情发挥。学校靠制度和条律管理，是必要的；但是，建立在文化底蕴的影响和集体价值认同的基础上的隐性管理，才是更持久更有效的。为了培养教师的集体荣誉感、主人翁精神和团队精神，我们提出了“目标相同，心灵相通，关心包容，荣辱与共”的核心价值观，旨在建立充满幸福关怀的教育管理团队，用浓浓的“情”字连接北大附小人的心。

校长努力做到有见识，通晓人性，善与人同，富有事业心、荣誉感，对部下能赏识喜爱；有权威，能服人心，令行禁止；关注教师心灵的苦闷、精神的诉求。时时处处把教师装在心里，用宽容的心态去对待教师的每一个过失，用期待的心态去等待教师的每一个进步，用欣赏的目光去关注教师的每一个闪光点，用喜悦的心情去分享教师的每一点成功。

教师之间倡导宽容、理解、信任与合作，为自己的成功而拼搏，为别人的成功而快乐。用情管理，以情沟通，突出情商作用，彼此有了真情，就会形成一种情感场效应。真情的牵系造就了甘于奉献、团结一心的团队，奏出了美好和谐的学校交响曲。非权力影响的、自觉自愿的、自然而然的、不遗余力的持久性敬业、奉献，形成北大附小独特的群体氛围，对每一个成员都产生了磁石般的吸引力。

受到尊重是最大的幸福，关心包容的团队氛围为广大教师营造了温馨

和谐的“幸福场”，大家在幸福的共振中精诚协作、共同进步。我们欣喜地看到，关心、包容、欣赏、奉献已成为学校的独特文化，在师生中不断传承和蔓延，为幸福教育营造了温馨的大环境。

2. 实现人生价值，享受职业幸福

让学生做一个幸福的人，首先老师要有职业幸福感。以人为本的幸福教育，就是关注人的发展，努力促进每个人提升，激励和帮助教师实现自我成功，为每一位教师的发展创造条件，规划蓝图，为他们充分发挥自己的潜能、形成自身教育教学特色出谋划策。我们强调教师根据自己的特质，选准突破口，努力成为独一无二的自己。一支状态良好的队伍，不应是月朗星稀，靠几个尖子教师装点门面，而应是群星灿烂，每个人都成为一颗闪光的星，感受到自己的价值。为此，我们努力推进教师队伍的建设，并在全校提出“每个人都是重要的，但没有一个人是最重要的”这一管理理念，引领教师在学校的发展中“淡化小我，追求大我”，发挥团队优势；倡导“没有完美的个人，只有完美的团队”“成功靠自己，完美靠合作”，在合作中实现团队的发展，在利益面前实现团队的发展，在交流中敞开胸怀，学会接纳。

唱好“关心、尊重、培养、督促、鞭策、激励”人文核心六步曲，使教师在帮助学生成长的过程中，不断挖掘自身的潜力，发展个性，实现自我超越和持续发展，在育人的事业中体现生命的价值，在学校的发展中获得职业幸福感。

六、以学生为主体的课堂——幸福教育的殿堂

学校，应该成为学生的家，成为孩子们真心实意地热爱的地方。而课堂，应该是教师用成功思想培植幸福，学生以快乐心态享受学习的殿堂！这就要求我们替学生作全方位的考虑：师生关系的和谐，课堂教学气氛的和谐，多种活动与教学主渠道的关系的和谐，学生的全面发展和学有特长的和谐，集体主义教育与个性张扬的和谐……。让课堂洋溢着幸福，应该成为我们不断追求的目标。

1. 幸福课堂源于和谐快乐的师生关系

教师对学生的爱，是办好教育的情感基础。我校教师的座右铭是：“为了孩子们今天和明天的幸福而努力”。教师的爱，不等同于父母之爱，不等同于朋友之爱，而是一种肩负国家使命的爱，是一种负责任的爱。这就要求教师具备很高的道德素养和人格魅力。我们要求教师给学生发表不同见解的权利，培养光明磊落的少年。尊重学生的人格，呵护学生自主的精神世界，弘扬学生个性，是我校教师恪守的原则，更是我校服务育人、做好一切工作的基础观念。我们把培养学生健全的人格、阳光的心态放在了教育的首位。

附小的老师们辛苦并幸福着。这种幸福来源于重任在肩的自豪，来源于童心母爱的情愫，来源于倾心科研的兴趣，更来源于学生发展的成就。

2. 幸福课堂引导学生体验成功、享受学习

学生在学校的主要任务是学习，走出校园之后，还要终生学习。学习之路漫长，但第一步应让孩子体验到学习的乐趣、学习过程的幸福。“为每位学生的终身幸福奠基”的理念使北大附小的新课改有了人性化的角度，更加关注精神境界，构建生命新课堂。

我们立足课堂，以人的幸福情感为目的，改革教育方式，优化课堂各环节的教育，使课堂教育不仅关注“术”的传授，更能站在关注“人”的高度上，在“道”上多作研究。我们的课堂教学不是急功近利的短视行为，而是过程与结果并重的幸福体验；对学生而言，学习不再是被动地等着老师“传道、授业、解惑”，而是更主动地进行“自主、合作、探究”。学校根据学生的不同兴趣、爱好及学习基础，进行科学的分层教学，对教学提出了“学会—会学—创造”三个层面的要求，让学生学会知识的积累，培养学生学习的兴趣、意志，培养学生创新的意识、创新的精神、创新的方法，使每个学生得到重视，学有所成，在幸福的学习中获得成功的体验。在这里，课堂，不再单纯是展示教师才华的舞台，而是张扬学生个性的天地；课堂，不再是教师枯燥乏味的“独奏”，而是师生联动的“交响曲”。

高效的备课、高效的课堂、高效的作业，克服了课堂上的无效或低效现

象，减轻了教师与学生的负担，让学生学得轻松、玩得快乐。使学生感受课堂学习的幸福，提高学生创造幸福的能力。幸福课堂打造出来的学生，决不止是具有昙花一现般的爆发力，他们具有极大的可持续发展的潜力。

3. 中西结合，博采众长——幸福课堂的延展

我校树立了国际化的新型办学理念，吸收多元文化丰富自我，并以人性化的管理和创新的体制改革把学校建成了真正的兼容并包的文化交流基地。目前，学校已与美国、加拿大、日本、新加坡、韩国等国家的小学建立了姐妹校关系，双方定期进行互访。学校每年至少选送两批品学兼优的学生到国外学习访问，至今，已有几百名学生足迹遍及美国、法国、加拿大、英国、北爱尔兰、新西兰、日本、新加坡、韩国等国家。通过交流，学生们了解了世界，开阔了视野，培养了地球公民的意识。强化了运用语言的能力，进而激发了他们努力学习、积极进取的精神，而学校则从对外交流中积极与国际接轨，逐渐走上了国际化办学的道路并取得了良好的成效。

在与国外多元化的教育理念的碰撞与交流中，我们也尝试开展经济教育课程的开发和研究。并派年轻教师前往美国接受专业的经济教育学培训。同时，以各种形式的培训活动拓展教师们的国际意识和经济教育观念，并把这种观念传递给学生。

经济学兴趣小组是学校的特色活动之一。主要通过各种生动有趣的游戏活动帮助学生学习经济学知识和原理以及进行创业实践活动，尝试培养他们理性地看待社会、思考问题，并做出正确选择的能力。目前，我们正在与国际经济教育组织洽谈合作，即将在各年级中开设经济教育课。让更多的学生接受经济教育的启蒙，在增强学生人文素养的基础上，培养学生的经济意识，提高学生的创业能力，拓展学生的发展格局，开启学生的幸福人生。

总之，尊重孩子，理解孩子，舒张其自由，鼓动其求知，赞赏其创造，促进其成长。我们所做的一切，都是为了给孩子们的和谐发展开辟一方更广阔的蓝天。

教育，特别是小学教育，是为人终身幸福打底子（基础文化素养、人文素养）的关键时期，切莫急功近利。只有当教师、孩子并不仅仅为分数教与学

的时候，才会真正尝到教与学本身的快乐；才能真正地启发人内在学习的渴望、追求真理的渴望；才能真正尊重生命的本质，拥有褪除功利的超脱。一以贯之的坚持，润物无声的关爱才能还原教育最本质的东西——为孩子的终身幸福奠基！

第三章

养成教育，快乐童年

第一节
激励就是赏识①

可能在招生过程中，好多家长能够感受到，当你们在我们面前当着许多人说自己的孩子哪儿不好的时候，我是非常反感的。而且我也绝对不会当着一群人来批评我们的老师，为什么？我觉得北大附小的快乐指的是让老师、孩子有一个放松的、自由的、被尊重、被欣赏的快乐的心境，让他们在校园里非常和谐地生长，这是我们理解的快乐。有人说北大附小不留作业，就是玩，怎么可能呢？那我们就是对孩子极大地不负责任。所以对我们教育最终的目的，希望家长们有共同的理念和认识。既然选择了北大附小，请你信赖它，帮助我们互补。

我的观点是没有完美的个人，只有完美的团队。所以在北大附小不树立个人权威，任何事情都要上会。有些家长可能不理解、不相信，我一直拒绝收礼、跟家长吃饭，为什么？我觉得一个是这真的是负担，另一个，我老跟老师们说，因为我们是做教育的，我不管社会是什么样子，我们不能愧对孩子们，愧对家长们，愧对社会对“教育工作者”这个称号的尊重。所以我在全校讲过，我们绝对不会收受家长的礼物。我跟老师说，正常的礼尚往来有的时候难于拒绝，一点儿不来往不太可能，有的时候家长送一点儿简单的西瓜、水果、月饼，我说你们马上要，如果拒绝得太厉害了，会让家长觉得不舒服，然后拿到办公室大家分享，然后你给孩子们买一些书，适当的时机回报过去，是吧？但是什么卡、钱、首饰等贵重的礼物一概不许收，一旦发现就是“一票否决”。

家长和学生选择了北大附小，我觉得是他们对附小的信任。送礼这种事，可能会有一些没办法，你说我要抵死不收，人家又会觉着没面子，人家说

① 新生家长会讲话摘编。

跟你是朋友，所以我一般都是让助理接过去，登记，然后到期末，到每年的新年那个假期开全校联欢会的时候，编上号让老师抽奖。

很多东西如果是朋友，没办法收了，我们也会回馈，但是我现在跟家长说，北大附小我们还是希望各位家长尊重老师，什么意思？让老师能快乐地工作，感觉到是被尊重，被理解，被欣赏，有什么事是善意地跟老师进行沟通，而不是通过送礼。我也拜托各位家长，不要搞社会上这些东西，其实真正长久的激励就是赏识，包括对孩子。

在北大附小的办学理念中，我们主张以人为本，主张人的快乐和谐发展。这不仅是为了孩子的成长与幸福，同时也是为了教师的成长与幸福。作为校长，从育人的目标上来看，毋庸置疑，是学生的发展第一，所以我们要发自内心地尊重孩子，尊重孩子的个性，尊重孩子对特殊教育的需求，用发现的眼光、赏识的眼光来启发、点亮孩子的生命。

而从管理的思想来看，是教师第一，因为如果没有教师真情的付出，没有教师真爱的付出，我们的教育无疑就是苍白无力的。而要唤起教师的真情和真爱，作为学校管理者，最重要的就是发自内心地尊重他们，尊重他们的个性，尊重他们的思想，尊重他们拥有幸福生活的权利，只有这样，我们才能形成民主、开放、团结、合作的具有强大凝聚力的团队。所以，我也特别希望家长们，对我们的理念和文化予以尊重，对老师们的思想和个性予以尊重，对“教师”的职业尊严予以尊重。一切都是为了孩子的成长，我们希望家长们和教师之间能进行积极的、有意义的交流，共同为孩子的成长出力。

第二节
个性教育实践

尊重个体，和谐共存[①]

尊敬的各位领导，各位同仁：

大家好！

非常高兴有这样的机会与大家一起分享个性化教育的感受与体会。今天，针对我们的论坛主题，我只想谈一个观点，即对个性化教育的理解和做法，用一句话来表述，就是“尊重个体，和谐共在”。

为什么要这么说呢？这首先源于当前我们面临的共同困惑：在制度化的教育环境下（尤其是集体规模教育的环境下），我们如何给孩子个性化的教育，保障每个孩子健康快乐成长？

在这个问题之前，我想我们首先要弄清楚什么是个性化教育。

个性化教育不同于个性教育。个性教育，按照我们通常的理解，就是培养人的个性品质的教育。如有的强调培养学生独特性、自主性、创造性，有的强调培养学生良好的个性心理倾向和个性心理特征等。其实，就心理学意义上的个性品质而言，如能力、气质、性格、兴趣、爱好、世界观等，本身就是人所具有的，它不是经过教育或者通过培养才具有的，从这个意义上说，所谓的“个性教育”实际上并不存在。另外，如果说个性教育要发展人的独特性，同样也存在这个问题，因为大自然造人时，给每个人赋予了唯一属于他的东西，因此，没有一个个体生命本身不是独特的，教育并不需要去造就

① 本文为2014年个性化教育论坛讲话摘编。

独特的生命。

个性化教育也不同于个别教育。我们所熟悉的个别教育只是教育教学的一种组织形式，是教师针对个性学生而言的教学。个别教育的形式的确能够给个性发展提供空间，有利于学生个性的张扬，但是这只是一种形式上的指导思想，并不一定能带来个性的发展。

因此，我们所说的“个性化教育”，并不是心理学意义上的个性教育，而是引导每一个个体生命独特发展的教育。它以尊重差异为前提，以提供多样化的教育资源和自主选择为手段，以促进每一个孩子的健康快乐发展为目的。这是我理解的“个性化教育”之内涵，也是我对今天论坛主题“关注每个孩子健康快乐成长”的第一个回应。

随之就回到刚才的问题：在制度化的教育环境下，我们如何给孩子个性化的教育，保障每个孩子健康快乐成长？

我们知道，制度化教育环境给个性化教育带来的困境，最直接的表现就是在大班教学环境下、在当前标准化考试背景下，无法满足个体生命差异和独特发展的要求。大班教学是简单地把孩子看作抽象的“类”的概念，而标准化的考试也是针对这一种“类”的概念下的考生所设计的，这本质上与个性化教育的要求是背道而驰的。在这样的制度背景面前，我们需要怎样做呢？

我认为，首先从认识上，要贯穿和遵循以下几个要求。

第一，个性化教育中的适应性。在过去的世纪中，我们教育的最大错误，就是假定全体儿童是没有差异的同一体，以同一方式教授同一学科，流水线一般地对待全体儿童。在这个意义上，教育是适应知识序列发展的，是适应社会发展的，但却不是适应儿童发展的。所以，今天我们再提“教育要适应学生”，其背后的实质，是呼唤一种“生本的教育”。

第二，个性化教育中的分化性。个体生命的差异性和独特性要求教育要适合每个学生，但“适合”并不是主张回到古代的“个别教学”，人为地废除班级授课制这种集体教育形式必然会让现代教育走向极端。我们需要的是在集体教育中更好地关注学生的差异，满足不同学生的需要，这就是说要在集体教育的框架中贯彻分化性原则，根据一类学生或个别学生之间的差异性进行“分层教学”或“分类指导”，使教育尽可能适合每个学生 。

第三，个性化教育中的自主性。一个人必须自主解决他的生理、生活需要，即使是不成熟的庄稼，也都需要自己成长，而不是由农民“拔苗助长”。这个道理说明，自主性是人存在的基本方式。在教育中，自主并不是空洞的口号，它需要我们切实地尊重孩子，把孩子自主的权利和要求贯彻在教学和班级管理的一切活动中。

如果说适应性、分化性、自主性是我们理解个性化教育的认识取向，那么在实践目标上，我们应该着重突出“四种追求”：让课程丰富多彩，孩子们能自由自愿选择；让德育打动心灵，孩子们能自信自立自爱；让管理凝聚合力，老师们海纳百川，有为有守；让文化润物无声，公平公正成为大家内心的准则和律言。

课程丰富多彩，孩子们自由自愿选择。丰富的课程资源，孩子自由的选择，这是个性化教育在学校教育实践中的第一要义。北大附小的课程结构由四部分组成，分别是基础学科拓展课程、现代科技应用类课程、经济学启蒙类课程、弘扬传统文化类课程。此外，我们还在北京市率先开设了“经济学联盟”校本课程。在设计这门课程的同时，我们完全尊重孩子的自由意愿和自由的选择，即使师资丰富，也不强制学生整齐划一地接受，完全出自学生的兴趣和需要。

德育打动心灵，孩子们自信自立自爱。我们提倡“以美育德、文化育人”的方式，让德育走近孩子的心灵。以美育德有三个层次的内涵，第一以美立德，第二以美养德，第三以美施德。以美立德是让学生认识美，让孩子分清是非、认识美丑、明辨善恶。以美养德是在美的标准和尺度下体验美，养成美的品性和习惯。以美施德是通过自身美的信仰、习惯实践美，通过美来启发真知，储备善行，提升人的生命境界。在学校提倡“以美育德、文化育人”的方式，是改变以德育知识为核心的德育教育，而进行以情感认同与行为转变为重点的德育教育。我们认为，这种方式更契合今天教育的要求。

文化凝聚合力，老师们海纳百川，有为有守。在学校办学中，文化是什么？我认为，文化是思想、理念、制度、教学、管理等一切的总和。我们在学校中营建海纳百川的空气，是希望小学校有大气象，能多元互补，相互包容。我们在文化中提倡有为有守的品格，是希望老师们勇于进取，锐意革新，即便身处逆境，也能不落流俗。现在经济社会的飞速发展一时也伴随着很多不良的社会风气，作为教师，首先要以身作则，把光明、正义的品质传递给学生。只有这样，我们的教育才是真正意义上的教育。

当然，个性化教育是以尊重个体为前提的，但在社会中，每个人都不是孤立的存在，正如哲学家所说，“此在本质上是共在”。这种共在不只局限于与他人共在，还包括与自然共在，与社会共在。因此，这要求我们追求一种和谐，即与自然、社会、他人的和谐。而这种和谐又以个体自身的和谐作为基础，即在尊重其内在天性的同时，也要使其内在条件和外在表现与时代和社会相适应，并积极推动时代和社会的进步。

因此，“尊重个体，和谐共在”，这也就是我所理解的制度化教育环境下个性化教育的内涵，也是我今天报告中一点肤浅的认识。谢谢大家！

尊重选择，满足需求[①]

尊敬的各位领导，各位同仁：

大家好！

2010年年初，《国家中长期教育改革和发展规划纲要（2010—2020年）》正式颁布，在这纲领性的文件中，“办好每一所学校，教好每一个学生”的表述第一次以政策文本的形式出现，这意味着我们的教育进入了一个尊重选择、满足需求的个性化时代。

北大附小前身是京师大学堂附属高等小学堂，始建于1906年。这是一所历史悠久的校园，一年四季，景色各异，绿意葱茏，古木参天。学校内既有著名历史学家翦伯赞先生生前居住过的欧式别墅，也有近代著名作家、诗人何其芳先生的故居，法学家陈守一先生故居，还有深具中国特色的明清建筑——著名文物及传统文化专家王世襄先生的宅子。1991年，著名作家冰心为附小学子题词“专心地学习，痛快地游玩”，如今已成为学校的校训。著名作家袁鹰的题字“乳燕初飞”，直接孕育了北大附小的校歌。地理学家侯仁之、国学大师季羡林等很多文化名人纷纷为附小学子题词，成为我们弥足珍贵的精神财富。

受北京大学源远流长的文化熏陶，北大附小几十年来一直重视全人教育，重视人的自由和谐、完满发展。近年来，我们在继承发扬北大附小先进教育理念和光荣传统的基础上，提出并确立了北大附小“以人为本，快乐和谐发展”的办学理念。它是以尊重个性、发展个性为前提的，它要求我们在学校发展的一切工作中，摒弃以“管束、利用、改造”为主的管理思想，树立以“尊重、关爱、发展”为主的思想，一切从师生的生长、生活需要出发，对人的生命予以尊重，对人的天性予以敬畏。它要求我们树立全方位育人观，公平

① 本文为2015年个性化教育论坛讲话摘编。

公正地面对全体教职工，让学生在享受学习的同时身心发展、人格健全；让教师们在努力工作的同时生活美好、精神成长、事业成功。

人们都说“一方山水育一方人”，而在北大附小，我们则分明地感受到，“一种文化成就一番气象”。北大附小是在北京大学的怀抱中孕育、成长起来的，这样的文化地理资源带给了北大附小得天独厚的优势：第一，北大附小的原地原貌与北大一体相依，遥相呼应；第二，无数文化名人先后居住、莅临、任教于此，音容气息犹在，是北大附小万分宝贵的历史遗产；第三，民主自由的传统源远流长，成为学校管理、课程建设中最显著的特色。如何在发扬传统的同时进行个性化教育的思考与实践，我们着重突出“四种取向”：突出适应性，改变传统整齐划一的教育，真正以儿童为中心，适应孩子的天性生长和能力培养；突出分化性，真正地尊重独特，关注差异，在集体教育的框架中分层教学、分类指导；突出自主性，把自主体现在班级教学和班级管理的一切活动中；突出特色性，努力创造独特的个体结合，由孩子个性发展实现学校的特色发展。

在实践目标上，我们也着重突出“四种追求”：让课程丰富多彩，孩子们能自由自愿选择；让德育打动心灵，孩子们能自信自立自爱；让管理凝聚合力，老师们海纳百川，有为有守；让文化润物无声，公平公正成为大家内心的准则和律言。这直接地表现在以下四方面。

大课堂，多元思想，相互激荡。我们提倡课堂是一个多元思想相互激荡的地方。在这样的视野下，学校教学内容既有基本的知识体系，又有弹性发展空间；既有因人而异的课程教材，也有知人善教的智慧名师。这样一个课堂，也必然是打破规矩，放下身段的课堂；是精心设计，用精彩引孩子入胜的课堂；是一个付出爱和智慧，同时换来爱，提升教师智慧的课堂。现在，我们的课程结构由四部分组成，即基础学科拓展课程、现代科技应用类课程、经济学启蒙类课程、弘扬传统文化类课程。为满足学生的兴趣需求，我们还率先开设了“经济学联盟”课程。目前，我们正在全力推行各学科教学方案改革，具体就是通过对每年段核心知识、核心概念、核心能力的梳理，勾画出基本的“知识树”，形成具有强大伸缩空间的内容参照体系。

大视野，着眼全球，汲取营养。我们的国际交流从世纪初开始起步，到今天，已形成了全球开放、合作共享的良好局面。目前，我们已与美国宾州大学教育学院、加拿大圣乔治学校、日本岩手大学附属小学、韩国首尔大学附属小学、新加坡公教中学附属小学、美国长岛公学、美国 GKE 国际教育公司、我国香港特别行政区保良局蔡继有学校等十多个国家和地区的学校建立了广泛的交流合作。现在，北大附小每年有三四百名学生远渡重洋交流学习，我校每年接受异国学校来访的人数也达数百人。领略异国风情，传播汉语文化，一双小脚，走遍天下，北大附小已成为名副其实的文化交流基地，得到了世界各国宾朋的广泛称赞。

大家庭，取长补短，积聚活力。在团队建设中，我们打破“专业”壁垒，近年来，从外专业、外行业、外学校引进了一批优秀的骨干老师。如我们的校长助理高晨老师，是经济学出身，以前的工作背景是企业经济管理。我们的另一位校长助理庄严老师，背景与小学教育也不相关，是教育科学出版社的专职编辑。我们从文工团引进的舞蹈老师、从新东方教育集团引进的英语老师，他们都不是“科班”出身，如今都在各自的岗位上取得了优异的成绩。多年的实践经验，使我深深地感受到，仅仅是师范专业老师一枝独秀，这不利于学校发展。因为知识背景相似，思想经验一致，很难打开多元思想共生共融的局面，而只有“不拘一格降人才”，真正把优秀的、行业的精英吸引至附小（当然，这种不拘一格，并不是没有条件的，最关键的条件就是这些引进来的外专业老师，一定要热爱教育、热爱孩子），我们的学校才能呈现出文化碰撞、思想交融的壮观景象。

大胸襟，诚敬为先，包容万象。在北大附小，我们提倡要有大胸襟，即是做人做事诚敬为先，通晓物蕴，善与人同。这就是希望老师们将心比心，包容欣赏，永远以阳光的一面待人。一个团队之间出现意见分歧是很正常的，但是如果以阴暗的一面示人，揣度、猜忌、攻击成为团队中的主流风气，那么学校的发展、孩子的发展也就岌岌可危了。这与我们“德育打动心灵”的口号也是息息相通的。德育不能靠规范、强制，今天的德育，只有通过“以美育美、以德养德”，才能真正唤起孩子的心灵共鸣，能真正开启孩子的情感生长。作为校长，我告诉老师们永远要学会做“正面”的工作，不要斤斤计较，不要锱铢必究。在北大附小，我们要真正地尊重老师，对每位教师的个性生活、个人生活方式绝不干预，也绝不骚扰。

在北大附小工作，我常常觉得，自己是幸福的。有一群人，大家一直相伴帮扶。展翅高飞时，大家一同喝彩；蹒跚遇阻时，大家不离不弃。今天的教育已进入了新的时代，我们会用最持之以恒的努力，真正关注特色，为了每一位教师的智慧提升，为了每一个学生的健康快乐成长，敞开个性。

第三节 一切为了学生发展

在“一切为了学生的发展，一切为了学生的明天”的办学思想指导下，我校全面贯彻党的教育方针，以夯实基础、广泛涉猎、张扬个性为理念，力求通过民主和谐的学校管理、自主探究的课堂教学、丰富多彩的课外活动、以美育人的校园环境，创设宽松充实的学校生活，最大限度地开发学生资质和潜能，使之具有良好的品德与个性，身心健康，快乐地学习和生活，为其终身幸福打好基础，力争把北大附小办成世界知名、国内一流的小学。

一、以人为本，打造情系附小的团队精神

我校领导班子共 8 人，老中青相结合，其中有市学科带头人、市中青年骨干教师、市优秀德育工作者、市优秀大队辅导员、区管理育人先进个人、区先进教育工作者等。这是个肯干、能干、合力干，追求卓越的战斗集体。我们认为在一个好的团队里，生命影响着生命，心灵融会着心灵。人，只有在自由和愉悦的状态中，潜在能力和创造精神才得以激情发挥。我校有成文制度 9 本，实行聘任制，但建立在文化底蕴的约束和集体认同的基础上的隐性管理，才是更持久更有效的。非权力影响、自觉自愿、自然而然、不遗余力的持久性敬业、奉献，形成北大附小独特的群体氛围，对每一个成员都产生了磁石般的吸引力。

我校用浓浓的“情”字连接附小人的心。教师生病，学校领导班子无论多忙都会集体看望。校长更要做关爱教工、尊重人才的模范。同事间倡导为自己的成功而拼搏，为别人的成功而快乐，一方有困难，个个伸手相助；学校有困难，人人主动请缨。2005 年 5 月全校教工就为一个身患癌症的临时工捐了 3.5 万余元。同志间和睦相处，干群间和谐共事，师生间和蔼并进，内

外间和气畅通,这是北大附小人共同的精神财富。

我们把教工的人生得到完善发展作为管理的核心。为教师创设平等竞争的擂台,搭建展示才华的舞台,打造信息交流的平台。为每一位教师的发展创造条件,规划蓝图。强调教师根据自己的特质,选准突破口,努力成为独一无二的自己。

总之,唱好"关心、尊重、培养、督促、鞭策、激励"人文核心六步曲,使教师在帮助学生成长的过程中,不断挖掘自身的潜力,发展个性,实现自我超越和持续发展,在育人的事业中体现生命的价值,在学校的发展中获得职业幸福感。目前学校有市、区、中心学科带头人 46 名,占专任教师的 45%。

二、优化德育,形成"以美育德"特色

多年来我校形成了全员参与,全程管理,整体推进的德育系统工程。通过丰富多彩的校园活动,弘扬民族文化,培养独特的校园文化氛围,形成"以美育德"的教育特色。

1. 优美的校园环境营造浓厚的育人氛围

我们分三层次精心设计了"墙壁文化":院子里每幅电脑合成壁画和体育造型图的人物形象都取自于本校学生,蕴含着我们对育人的追求;楼道内四幅大型水粉画和与之搭配的《四育赋》,对同学们"知"与"行"提出明确要求;走廊和教室墙壁张贴着学生们的各种作品,给孩子展示自己的天地。同时,我们让古树"开口说话"、花草"宣传"环保……,使校园成为无声的老师。

2. 面向全体的艺术教育建构美的课堂

我校有多项传统的群众艺术活动。近几年来举办过"世纪歌声在校园中回荡""小荷才露尖尖角,民族艺术花满园"等大型演出。全校 2000 多名学生人人参与,个个展示。2004 年六一,我校在北大礼堂隆重举办"大红绸舞起来"综艺会演,自始至终台上台下互动,每一个孩子或引吭高歌,或翩翩起舞,全场沉浸在洋溢的激情中。参加活动的全国人大常委会副委员长、全国妇联主席顾秀莲拉着校长的手久久不放,激动地说:"没有想到一个小学的

活动这样出色。”许多来宾、家长纷纷表示祝贺。演出在中国教育电视台全程播出，凤凰卫视、北京电视台以及多家报纸给予报道。

我校民歌合唱团、民族舞蹈团、娃娃京剧团，不仅多次在全国获奖，而且已经成为中华文化的传播者，走出国门，在奥地利、俄罗斯、日本等国家演出，得到好评。

古诗文诵读活动在全校铺开。学校被评为首批“全国古诗文诵读示范校”，涌现出了众多熟背千余首、百余首古诗文的全国诵读之星。

3. 少先队活动为学生开拓“创造美”的天地

我们率学生深入大别山了解农民子弟的艰辛，涉足青海湖体会环保的迫在眉睫，奔赴地震灾区捐款建设希望小学，前往澳门特区献上千人签名庆回归的红绸……。天安门广场有我校爱心社社员捡拾废弃物的身影，大兴山区有我校年年栽种的桃李林，南斯拉夫被炸毁的中国大使馆遗迹上空飘扬着我校少先队员用红领巾缝制的红旗，内蒙古干涸的土地上正在兴建的供水工程有我校学生的捐款……

持续不断、匠心独运、引人入胜的少先队活动，让学生们投身到创造美的事业中，在亲自参与下感受到美的来之不易，感受到保护美的责任与使命。

4. 小社团活动为学生创建“展示美”的舞台

学校三十五个课外小组做到定人、定时、定点、定内容、定目标、定总结，常年活动。自发形成的学生社团活跃在附小的舞台上。孩子们在“爱心社”“文学社”“体育社”“新闻社”等十余个小群体中开展活动，增长才干，打造属于自己的舞台。文学社不仅自导自演《威尼斯商人》《哈姆雷特》等莎翁名著，还进一步自编自演小话剧，其中《红绿灯下》在中央电视台第八套节目中播出。社长吴子尤的个人习作达到 30 万字，为鼓励他的创造精神，学校编辑印发了《吴子尤文集》。

学生“环保志愿军”回收旧电池 3 万多节，发放环保布袋 1500 多个，并利用卖废品的钱到内蒙古恩格贝沙漠植下“北大附小绿化林”。

三、科研领路，提高教学质量

1. 我校一贯以科研兴校、科研强校、科研兴教为指导思想

6年前，学校正式成立教科研领导班子，将教科研工作纳入全校工作规划，且管理规范，档案齐全。

近年来，我校对国家“九五”课题“儿童认知能力的发展和促进的研究”的子课题“小学数学开放题教学研究”“学习困难儿童心理因素的鉴定、研究和培养”“关于加强心理健康教育，关注学生可持续的终身发展的研究”等做了结题工作。其中，《数学开放题及其对小学生思维品质优化的研究》获得北京市教科研论文评比一等奖，《关于加强心理健康教育，关注学生可持续的终身发展的研究》获海淀区优秀科研成果二等奖。

我校正进一步参与研究的科研课题有：① 全国教育科学“十五”规划重点课题“创新教育的研究与实验”的子课题“中小学教学过程中实施创新教育的研究方案”，我校的子课题为“适应创新教育的多样化课堂教学策略、教学模式和教学设计的研究”；② 全国教育科学“十五”规划重点课题“信息化进程中的教育技术发展研究”（AYA010034）的子课题“基于课程改革的资源开发与应用”；③ 北师大教育科学研究所裴娣娜教授领导的全国教育科学“十五”规划重点课题“主体教育与我国基础教育现代化发展的理论与实践研究”，我校认领的子课题为“小学生自主学习态度和能力培养的实验研究”；④ 北师大沃建中教授主持的“十五”重点课题“儿童心理素质的促进对其学习成就的影响”子课题“小学生良好情趣情感的培养”；⑤ 海淀区基础教育课程改革实验项目“课程与学生学习方式变革的研究”；⑥ 全国教育科研“十五”重点规划课题“中小学体育与健康教师用书可行性实验研究”；⑦ 全国教育科学“十五”规划重点课题“中小学教育信息化的理论与实践研究”的子课题“中小学信息技术课程体系研究”等。

2. 课程改革是促进学生发展、教师素质提高的契机

在实施课程改革的过程中，我们把学生置于一个有尊严、有个性、有巨大发展潜能的生命个体的位置上，全面关注他们的一切。

（1）营造平等、和谐、宽松的课堂气氛。

在我们的课堂上，学生可以畅所欲言地提出不懂的问题、不同的看法；可以收集各种资料论证自己的观点；可以自由平等地和老师讨论，甚至辩论。我们建立了民主、平等的师生关系，保护了孩子求知的积极性，点燃了孩子们创造的火花。

（2）多样化的课堂教学。

① 鼓励学生亲历学习。以“探索尝试”为核心设计教学环节，让学生在“做中学”，在“练中悟”，是一种“明确课题—尝试探索—教师点拨—悟出规律”的过程。比如数学课上，老师鼓励各个合作小组用同样大的硬纸设计制作形状不同、容量最大的回收箱并计算容积。学生通过设计、制作、计算之后，得出了共同的结论：耗材量相同，圆柱体容积最大。这样，学生在知识的再创造过程中加深了体验，在知识的应用中增强了感受。

② 鼓励学生合作学习。由于年龄的特点，孩子非常乐于和伙伴一起学习，共同进步。我们的老师积极地为孩子创造合适的机会。六年级信息课“多彩的蝴蝶世界”，从确立研究课题、网上查找资料到筛选整理、填写研究报告等，均在合作小组完成。学生集体发现、研究、解决问题，有利于增强合作意识和合作能力。

③ 鼓励学生自主学习。教师充分发挥每一个学生的主体性，允许他们在学习内容、学习方式等方面自主选择、参与创新。一年级学生的语文课，老师鼓励学生用自己喜爱的方式读书。有人分角色读，有人边表演边读，有人对照插图读，不仅调动了学生的学习积极性，更促进了学生自我意识的发展。

④ 鼓励学生探究。学习课“毛细现象”，在桌面上摆放20余种不同物品，问：谁可以使水向上爬升？学生先根据自己的常识预测，再亲手做实验，观察现象，记录结果，验证预测，得出科学结论。整个教学过程始终在动手、观察、实验、思考的探索中进行，从而培养了学生参与中长期科学探究活动的能力。

3. 教学与生活紧密联系

课堂教学不仅使孩子们在课堂上学到知识，而且拓展了学习空间。例如“一次性筷子中的数学问题”一课，课前布置学生到各班调查上学期午餐时，每天平均使用多少双一次性筷子。课上，学生汇报调查结果——大约每天 270 双，进而计算出照此情况，一年使用 54 000 双。老师提供条件：一双一次性筷子长约 18 厘米，宽约 1 厘米，厚约 0.3 厘米。提供信息：① 我校教学主楼高约 15 米；② 北大五四操场一圈 400 米；③ 香山主峰香炉峰高约 557 米；④ 一棵生长 20 年的大树，约可制成 4000 双筷子。然后鼓励各小组根据以上数据，进行自己最感兴趣的计算。孩子们的计算结果是：54 000 双筷子连起来约有 648 个教学主楼高，24 圈五四操场长，17 个香炉峰那么高，约用 14 棵成年大树制成。孩子们在数感得到培养的同时，还受到了强烈的震撼，增强了环保意识。

这样的教学冲破了课堂的狭窄空间，使学生增长了见识，开阔了视野，拓展了思维。

4. 与国际先进教育接轨是我们的一贯追求

2003 年，为了提升附小办学水平和办学声望，我们与美国 GKE 公司合作建立了现代化的国际知识交换学习中心，并在此召开了研讨会。美国教育专家佛·劳伦斯女士到会。双方就两国基础教育的最新理念进行了为期三天的研讨并互相作课，30 余名外省市校长参加了我们的活动。

科研带动教研，教研提升了教学品位。北京市“素质教育走进学校”大型展示活动后，海淀区政协委员沈振基激动地说：“古今贯通、中西融汇、文理渗透在北大附小有了体现，这才是成才之路。”

四、 跟上时代，科技花开

我校确立了“培养学生科学素养、信息素养和科学态度”的科技教育总目标，制定了三年科技教育工作规划，坚持在各科教学中进行科技渗透，并努力开发校本课程。1984 年至今，我们自己编写的《LOGO 语言》《QBASIC 语言》和《小学信息技术》一直是学生使用的教材；目前，正与清华大学出版社合作编辑开发 WPS 系列学生教材。2004—2005 年，将重点开发具有我校特色的乐高机器人系列教材和学生电子制作系列教材。

学校每年的“爱科学月”都提出明确的主题，确保教育覆盖面 100%。注重校内外相结合，对校外科技教育基地的选择，努力与学校整体教育计划吻合，与学校特色统一。充分利用良好的家长资源，开设科技讲座。

我校设有电脑、机器人、航模、建模、车模、无线电定向、生物等多个科技小组，成绩斐然。连续夺得13届全国“六一杯”一等奖、9届北京市中小学生程序设计团体一等奖。目前已有一批当初在附小获奖的学生成长为国家计算机行业的专门人才。机器人小组是我校特色科技项目，目前有机器人足球组、机器人灭火小组、机器人创意小组、FLL小组和机器人常规竞赛小组。3年来，获得2次全国中小学机器人竞赛团体一等奖；在4次国际竞赛中，获得5个团体单项冠军、1次团体银牌、2次团体二等奖。

我校于2000年建立了自己的网站。大队部组织了十余期、千余人的“网上冲浪培训班”。2001年，团中央、全国少工委以我校为主会场召开全国“做网络文明小使者”网上直播主题大队会，2002年我校成为首批“中国少年儿童信息研究基地”。2003年“非典”期间，我校还建立了自己的BBS，成为师生、家长真情互动的桥梁。各科教师在网上传授知识，批改作业。温家宝总理视察了我校的网上教学并给予了充分肯定。中央电视台以“改变学生学习方式”和“聚焦新课标”为主题做了专题报道。北京日报、北京电视台等多家媒体也多次给予报道。

总之，我们认为办学办的是一种氛围：一种浓浓的“情”（干群情、师生情、家长情、生生情等），即温馨舒畅的人际氛围；一种生动活泼、百花齐放的教学方法，即多元文化兼容并蓄的教学氛围；一种多种活动交融，使学生在欢乐与振奋中接受各方面信息，增长能力，体味美好人生的育人氛围；一种处处体现儒雅，充满人文色彩的校园文化氛围。让师生在处处充满人情味和浓浓文化气息的环境中感受校园精神的滋养和文化底蕴的积蓄，使学校成为教师成长、学生求知的乐园。

五、改进资源，提升办学水平

2004年10月22日我们收到了小学示范校考察评估组整理的关于我校的《考察意见》和《课堂教学评估意见》。在两个“意见”中对我校办学给予了充分肯定，同时切中要害地指出了教学中存在的问题并提出了改进建议。

我们组织干部和全体教师进行了认真的学习和讨论。第一，教师队伍有高原没有高峰，需要不断打造名师队伍。今后将把加大培养力度与引进名师相结合。第二，目前学校硬件建设还未完全到位，争取下一年 9 月全部落实。

大家一致认为这次示范校的考察评估不走过场，对学校的评价实事求是，切中要害，对进一步总结提炼学校的办学思想和办学经验，梳理反思学校亟待解决的问题，提升学校的办学水平具有较强的指导作用。在广泛听取学校教职工的意见和建议的基础上，我们特制订出如下整改方案。

1. 加大“名师”培养力度

学校现有全国特级教师 1 名，市级学科带头人 1 名，骨干教师 9 名；区级学科带头人 11 名。其中市级骨干教师中比较有希望冲刺特级教师的有 4 人（语文、数学、英语、计算机）：他们自身业务素质高，有一定的教学和写作功底，在市、区骨干教师中有一定的知名度。在教学中肯钻研、善钻研，已获得较突出的成绩且始终工作在教学一线。对于他们，学校将加大培养力度，尽可能地为他们的成长铺路搭桥，使他们的教学、科研尽快出著作出成果。同时不断引进市、区乃至全国特级教师，兼容并包，集百家之长，为学校的教育教学推波助澜。加大青年教师特别是本科师范生的培养力度，拜师、听课、参与教科研、加担子，在尽可能短的时间内使之脱颖而出。

加强教学干部力量，由现在的 2 人，增至 4 人，行政、教学相对分离，使教科研干部能潜下心来做学问，切切实实、专心致志、有效地指导全校教师的教研和科研。

加强行政班子全体成员听课制度，除校长、教学干部不少于区里的规定以外，其他成员每人每学期不少于 20 节。从不同角度给予老师以教学指导，同时使所有干部工作不脱离教学一线，工作更深入，更具实效。

2. 更精心地培育学校文化

目前学校正进行改建和扩建。我们深知这是一次校园环境的重塑和校园文化的再造，我们格外珍惜。我们的目标是要办一所与北大相匹配，既古朴典雅、充满人文色彩，又具有现代气息的一流小学。因此我们无论是对外立面的设计，还是内部设施的配备都经过了精心的构思。特别是我们要以此为契机，重新审视、挖掘、打造我校的校园文化内涵，培养独特的校园文化氛围，创设一个温馨舒畅，处处体现儒雅、充满人文色彩的校园文化氛围，让师生在处处充满人情味和浓浓文化气息的环境中感受校园精神的滋养和文化底蕴的积蓄，使学校成为教师成长，学生求知的乐园。

3. 进一步整合资源，发挥示范作用

我们将在今后的工作中更充分地发挥自身优势，整合利用丰厚的教育资源（国际的、国内的、北大的、家长的……），发挥学校 GKE 交流中心的作用，不断搭建国际教育的平台，使学校办学更加科学、开放、充满活力，在教育现代化和国际化方面走在前列。

第四节 达成共识，挑战现实①

从 1904 年建校至今，北大附小的岁月之河已足足跨越一个多世纪了。在这漫长的一个多世纪里，历史给我们带来了很多机遇，同时也给我们带来了很多挑战。尤其是 20 世纪末以来，随着市场经济的确立，学校办学自主权的扩大，以及各种教育改革思潮的不断涌入，我们北大附小抓住机遇，迎难而上，开创了新时期学校改革创新、主动发展的新局面。如果说目前的北大附小已经满足了国家对基础教育规范发展的需求，那么在下一个时期，在基础教育均衡发展的重要阶段，我们的目标是什么？我们准备朝着什么样的方向努力？我们准备制定什么样的战略来应对内外部教育形势和新一轮竞争？我们拟采取什么样的措施，齐心协力，全力推动，形成合力？也许，只有在深刻把握世界教育发展趋势、认真领会国家基础教育发展方针政策的前提下，冷静分析北大附小可持续发展的动力、优势和不足，这才是我们在新的时期谋求新一轮发展的首要任务。

一、当前世界教育改革发展的趋势

著名思想家、哲学家笛卡尔曾经说过：“说到底，求知、求知识，是为了让心灵在一切方向上充分涌流。”近代以来，由于受工业革命和技术革命的影响，学术分科制度、精细分工制度一直统治文化教育领域。直到 19 世纪末，法国社会学家涂尔干对现代性问题的发问（分科、分工导致人们之间相互冷漠，缺乏理解，进而导致社会混乱，自杀率上升），“分科”制度及其弊病才进入理性的视野并引起公众的反思。人们越来越意识到，如果每个人仅仅生

① 本文为 2012 年秋季教师培训会讲话摘编。

活在一个“条理”之中（也即他分工所在的那个条理、他安身立命的那个专业之中）时，这会使分工的协调变得十分困难。这样的社会也极其容易发生危机。因此，他呼吁，在当今社会，每个知识者必须整合、把握这些迅速膨胀的知识，通过不断的对话和学习，来推进文明的发展和社会的进步。

知识的综合性以及前所未有的更新速度成为新时期我们面临的最直观的教育背景。也正是在这样的背景下，世界各国开始重新审视自己的教育，并纷纷制订了相应的改革方案。在所有这些方案中，尽管针对具体情况，各国的方案会有所不同，但其共同点都是一致的：第一，倡导教育民主化，提倡教育机会均等；第二，主张教育目标综合化，培养全面发展的人；第三，强调培养学生的基础知识、基本技能和各种能力；第四，强调培养国家公民和世界公民；第五，强调培养学生的个性；第六，培养学生适应信息化社会的能力；第七，重视道德教育。

当我们把教育放置于更广泛的社会经济发展范畴中，并囊括世界各国对人才培养目标的变革时，不难看出，知识经济加速、全球竞争加剧其实早已确定了教育演化的两个基本方向：第一，在发展目标上日益注重“个性”的教育；第二，在教育内容上日益注重“通才”的教育。这两个目标是渐进的，不是一蹴而就的。在未来相当长的时期内，世界各国都将围绕个性化教育、全面发展教育这两大主题而不断努力。

二、我国基础教育未来发展的方向

2010 年，我国颁布了《国家中长期教育改革和发展规划纲要（2010—2020 年）》（以下简称《纲要》），确立了未来十年教育发展的总体纲领和思路。《纲要》的制定历时两年，国家先后调集了 300 位各行各业的专家，一起献计献策。在分析提案的过程中，专家们不约而同地提到了三个高频词语：第一是“教育的选择性”。不少专家认为，中国的教育缺少选择性，面对不同需求的学生，大家却都在使用同一个教育标准、教育模式，因此今后教育改革的思路是增加教育的选择性。第二是“办学特色”。专家们认为目前的中国教育缺少办学特色，存在千校一面、千校一体的大一统状况。第三是“适合的教育”。专家们认为我们今后应当给学生适合的教育，每个学生都是不同的，学生只有接受适合自己的教育，才是最好的教育。也正为此，在《纲要》的正文中，才出现了“办好每一所学校，教好每一个学生”的表述。

综观这三个高频词语，其实它们集中地反映了决策者对中国教育未来发展的哲学思考。三个高频词语在某种意义上就是一个含义，即共性与个性的关系；或者说是教育的多样性与个性化的关系。如果每一所学校都是个性化的学校，那我们的发展必定是一个多样化的发展。如果基础教育呈现了多样化的发展，那么一所学校必定是一所个性化的学校。可以说，特色发展，代表了中国教育未来发展的新方向。

三、北大附小当前发展的问题与挑战

（一）自身特色与优势

一位校长就是一所学校。随着学校办学自主权的日益扩大，学校竞争很大程度上演化为校长智慧的竞争，由校长个人办学理念、办学思路、办学模式带来的学校整体发展上的差异，在基础教育学校中分化得日益明显。一百多年来，北大附小在风雨中前行，2002 年，学校领导班子换届，新一届领导班子用独特的胆识与策略为学校带来了惊人巨变。学校沉积多年的文化力量以前所未有的速度激活了，从硬件环境到软实力建设，北大附小奔腾不息，奋勇朝前，整体规模与办学实力均达到了历史以来的最高水平，堪称基础教育学校创新发展的时代典范。反观这一切，我们可以把北大附小的特色与优势（也即核心竞争力）集中表述为以下七个方面。

1. 科学前瞻的思想引领

北大附小的办学理念是“以人为本，和谐快乐发展”。这是符合人性解放需求的，是符合儿童发展基本规律的，是对教师个体与儿童生命个体终极关怀的关照。不仅如此，校长还从更具体的层面落实“以人为本，快乐和谐发展”的理念，提出了以人为本不仅要体现在教育教学中，更重要的要体现在学校管理以及其他各项事务的运营中的要求。作为学校最重要的决策者，尹超校长倡导的这一理念，其实质就是相信学生，激励学生，相信教师，激励教师。这无疑是学校发展最科学、最普适的信条。

2．相对稳定的规模质量

规模和质量是学校发展的永恒课题。经过多年的发展，北大附小基本上形成了今天规模和质量相对稳定的局面。在这当中，规模的稳定是指有了较好的口碑，较广泛的生源，其发展指向是外延性的；质量的稳定是指学生培养有了家长以及社会各界的认可，其发展指向是内涵性的。一般来说，规模发展和质量发展是相互促进的，没有规模也就没有发展；但在很多时候，二者也常常悖离，一味的规模扩张往往会导致教育质量的急剧下滑，甚至导致学校品牌的惨败。因此，规模发展和质量发展需要科学谋划，协调统一。这种协调最根本的依据是如何在发展中满足广大师生员工的需要和愿望，如何立足长远，做到可持续发展。从当前的情况来看，我们对学生规模的调控正在重新设计和规划之中，这是极具战略意义的。

3．无法复制的学校文化

教育部部长袁贵仁曾说："所谓教书育人、管理育人、服务育人、环境育人，说到底都是文化育人。"北大附小最宝贵的传统与资源就在于学校文化。文化的内涵不仅反映在师生的精神面貌中，更反映在学校对美的阐释中，体现在学校所有员工对为人、为师的理解和认识中。北大附小是一所百年老校，上承北大思想自由、兼容并包的传统，下继和谐快乐发展的育人理念，是成人精神文化在基础教育领域的创造性实践和发展。多年来，北大附小牢牢抓住这一文化特色，形成了"对外叫得响，对内立得住"的学校发展品牌。而这一点，也是我们北大附小所特有的，别人无法复制的。

4．真挚和谐的情感管理

在今天的社会中，不管是企业还是学校，大家都不愿置身于一个僵化的、没有情感的官僚机构中，人们更愿意在一个他们所喜欢的有人情味的组织中工作，并共同创造着"大家庭"式的和谐文化。在北大附小，由尹超校长身体力行的情感管理特色是非常鲜明的。可以说，情感管理是尹超校长特有的标识。情感管理的实质就是以人为本，是以真挚的情感为基础，增强管理者与员工之间的情感联系和思想沟通，满足员工的心理需求，从而形成和谐融洽的工作氛围和团队精神的工作方式。在北大附小工作的员工几乎都有这样的感受，学校几乎没有什么科层化色彩，教师们在心理上、精神上都很有安全感，整个团队弥漫着一股坦诚、活跃、互敬、友爱的气氛。这种气氛对于学校最重要的领导者——校长来说，也是极富思想意义的，因为情感的投入不仅能得到老师们的反哺，而且还能更方便地倾听和采纳群众意见，促使自身的领导过程和决策过程不断走向成熟。

5. 不断创生的个性特色

一所学校能否成为一个品牌，与其有没有特色有着很大的关系。特色并不意味着圆满，但特色却昭示着卓越。特色不惠顾于思想文化的贫瘠者，因为深厚的文化底蕴与灵动而又深邃的思想，才是特色问世和学校品牌形成的不竭源泉。长期以来，学校特色构建一直是北大附小孜孜以求的重要课题，它突出地表现在三个方面：第一，尹超校长与生俱来的鲜明个性；第二，北大附小自身的文化特色；第三，北大附小课程教学德育实践方面的创新理念和特色创举。这三个方面共同组成了学校独一无二的“个性”，这也是深深烙上北大附小特色的，是兄弟学校、家长、教育领导与管理者对我们的整体感受与认知，是我们在竞争中取胜的法宝。

6. 全球开放的交流平台

北大附小还有其他学校无法比拟的优势，即本身就是面向全球开放的对外交流平台。学校每年可以组织学生数百人到各个国家进行互换、互访。目前，我们已与十多个国家建立了友好合作联系，学生参与交流访问的，达四十多个国家。随着教师、学生的不断出访，“请进来、走出去”日趋频繁，师生们的气象、视野扩大，为学校增添了无形的财富。这样活跃开放的对外交流平台是北大附小所独有的，也是我们将来要着力开辟的领域。

7. 奋发图强的精神斗志

在学校的发展中，我们会面临很多机遇和挑战。什么是机遇？其实机遇就在于直面困难，勇敢克服困难。克服困难也就是抓住了机遇。而学校的发展，挑战是常有的，但机遇却稍纵即逝。很多时候，学校所处的环境并不理想，但是，由于大家目标坚定，众志成城，所以能奋发图强，使学校发展通过砥砺奋争到达新的境界。在北大附小近年来的发展中，我们时刻可以感受到这种不同寻常的拼搏精神与超越常人的奋进行动，这也是学校发展的精神力量。

（二）当前问题与挑战

应该说，在尹超校长的带领下，北大附小表现出了良好的发展势头。我们的口碑越来越好，家长认可度越来越高，社会影响也越来越强烈。最重要的是，教师们的地位相比以前更高了，发展的机会更充足了，得到的实惠也更多了。但在北大附小蓬勃发展，形势一片大好的背后，我们也必须看到，就整体而言，由于现阶段具体教育政策和教育竞争的影响，北大附小还处于新一轮发展的瓶颈期。这个瓶颈一旦打破，我们将有望赢来新一轮高速发展的重要机遇；否则，逆水行舟，不进则退。

1. “教育均衡”对优势学校的冲击和影响

“教育均衡发展”已成为我国当前基础教育工作的重中之重。目前，教育部已提出“2012 年区域内初步均衡”和“2020 年区域内基本均衡 ”的工作目标。目前，各级政府和教育部门正在为这一目标的实现采取各种措施，例如：教师下派、送教下乡模式；城乡学校捆绑模式；联校走教模式；强弱学校合并模式等。尽管总的来看教育均衡不是就低，而是就高，但面临教育的大趋势，反观北大附小的前景和走势，有一点担忧是不可避免的，即名校的比较优势可能因此而减弱（在短期内，不排除会出现“一平二调”式的均衡现象）。而且，从长远来看，不可测因素会很多。

2. “择校费治理”对于学校财政的震荡与管制

2010 年 11 月 1 日，教育部发布了《关于治理义务教育阶段择校乱收费问题的指导意见》，对各地教育行政主管部门提出 10 项要求。要求指出，禁止义务教育阶段公办学校以各种学科类实验班名义招生的行为，禁止学校为选拔学生举办或参与举办各种培训班的行为，禁止学校以任何名义和方式收取择校费，坚决切断收取择校生与获得利益的联系。教育部表示，各地要力争经过 3 到 5 年的努力，使义务教育阶段择校乱收费不再成为群众反映强烈的问题。各省级教育行政主管部门在择校乱收费问题上有针对性地确定总体目标和阶段性的工作任务，制定时间表、路线图和任务书，“务求每年有新的进展、取得新的实效”。

政府强硬的“择校费治理”对于学校发展来说无异于釜底抽薪。尽管多年来，择校费虽然明文禁止，但我们一直在夹缝中求生存，但谁又能保证，这条路还能走多远？如果失去了这一资金支持，我们学校的发展将何以为继？眼前的自足无法掩盖明日的危机，这种危机将是随时可能遭遇的，而且是我们无力挽救的。我们只有超前谋划，提早预案，才能掌握发展的主动。

3. 外在力量的强势致使学校主体弱化，校长的处境尴尬

国家教育政策对学校发展的调控以及市（区）教委和各部门的管控有时也会因未能完全照顾到实际情况而让校长感到疲于应对。虽然北大附小行政上不属于海淀区教委管辖，但是许多业务问题，包括人力、财力、物力还是会间接地受其影响。这让想自主发展的学校面临难处。不仅如此，各部门通过不断地开会和校长培训，对学校和校长进行不断地检查、督导、考评、评审和评选等，很多时候，校长被迫为无休止的工具性事物操劳，学校俨然成为一个工具性存在。就拿学校教科研来说，我们自主做课题的权利实际是非常有限的，怎么做的思路和想法也是非常受限制的。外在力量的格外强势，导致学校自主的意义有所衰减。校长在其间为各项事务权衡、奔波，平添额外负担。

4. 特殊的家长群体对学校工作的苛求与压力

现在每个家庭一般只有一个孩子，家长们自然把对孩子的疼爱发挥到了极致。这一状况极易造成父母对学校教育的过度依赖，由此产生对学校工作的过度挑剔。其实，挑剔的源头是非常简单的，即父母对孩子个性化教育的要求与老师们面对一个班上 40 个孩子时精力、体力不足以实现这种要求的矛盾。北大附小是与众不同的学校，它的与众不同，除了学校文化层面的含义外，还有另一层含义，即需要面对北大教职员工这样特殊的家长群体。北大教授们自己就是从事教育的，而且处于中国教育和学术的宝塔尖，因此，他们不免要理直气壮地对我们的工作进行评议和问责。学校每学期、每学年都会发生家长和教师之间的冲突，而且越来越频繁。我们要正视这

个问题，并思考相应的对策和办法。

5. 区域内学校的竞争进一步激化

随着基础教育区域内均衡政策的推进，区域内学校的竞争必将进一步激化。激化的样态不再以过去生源、规模、分数竞争为表象，更多地是以教育创新、优秀人力资源、学校品牌特色的竞争为表象。尽管从现实来看，学校竞争一般不是直接压垮对手的行业兼并，不会出现你死我活的直接竞争，但是竞争失利对学校品牌的影响仍将是致命的。现在每所学校都在集中精力向前发展，它们的勇气、动力、胆魄与举措或许有很多是我们所不及的。有些学校甚至拿我们作样板效仿赶超。诗人纪伯伦说，只有当你发现被别人追赶时，你才跑得更快。对此，我们不必妄自菲薄，也不必自恃高明，用什么思路突出重围，发扬传统，继续创新，才是我们要深入思考的。

6. 教师专业发展的动力不足

当前，北大附小正遭遇新一轮发展的"瓶颈"，其最重要的体现就是教师专业发展的动力严重不足，这是由多方面原因造成的。首先，虽然教育培训开展得如火如荼，囊括了教育理念、教育思想、教育伦理、教学资源、课程教材、教育方法、教育模式、教育技术、教育评价等方方面面的内容，但唯独忽略了教师个体的内在动力。这几乎是世界上所有国家中小学教师培训共同存在的问题。其次，随着北大附小发展到一定规模，教师们真正关注的，如受人尊敬、得到发展、收到实惠等愿望部分地得到满足后，容易出现倦怠情绪。最后，教师们自身素质与学识有限，生活与工作经历单一，加之平时不注意阅读、思考，导致眼界受限，满足现状，失去了自我发展的热情与斗志。所有这些因素集合起来，共同导致了教师对各种培训和学习的抗拒，认为培训是政府行为，是领导的需要。由于有这种抗拒，专业发展始终不能化成教师们普遍的内在需求，不能形成学校发展的核心动力。

7. 教育教学创新力有待发掘

学校发展最重要的阵地就是课程与教学。长期以来，通过新课程改革的引领，我们的课堂教学领域出现了一些可喜的变化。教师对教育理念、教学方法和教学行为都在不同层面上进行了变革与创新。但其中就北大附小的实际情况作精雕细刻(如教学设计、学程设计)的事例比较多。我们赞许这种创新,但现在我们更欣赏或者说更需要一种大刀阔斧的创新。这种教育创新是在课程结构、课程内容、教育理念上的根本变革,是推动学校整体发展的综合性创新。例如,如何真正体现个性化学习?我们学校是否能设计一种行之有效的培养模式?为了给孩子们更多的发展机会和更多的选择机会,我们能否把北大的优势资源引入北大附小,并设计相应的课程,形成富有特色的领域和模块?以及如何集中优势,探索幼小衔接和小初衔接,形成教师对课程内容新的认知?

8. 教育科研亟需整合队伍,形成合力

基础教育学校的教科研状况突出地表现为两种趋势,第一是理论与实践分离,第二是教学与研究分离。另外,教师对于参与教科研的功能不清楚、目标不明确、方法不科学、动机不强烈,这也是制约学校教科研发展的四个重要问题。它们在北大附小也都有所体现。概括起来,北大附小教育科研自身的问题表现在三个方面:第一,教科研如何与最广泛的教师互通有无,形成畅通的信息链,让课题申报与研究进展和大家无缝对接(信息沟通)?第二,教科研如何发动最广泛的群众,吸引大家参与,形成教师自主发展的动力(广泛参与)?第三,教科研如何真正地立足教师,源于教师,又为了教师,真正服务于教师的成长与学校的发展(寻求实效)?由此,我们需要明确方向,理清思路,通过课题的整合,以及一系列的方法和策略,促成教师们的联动协作,形成一支强劲的科研队伍。

(三)方向与出路

1. 新的时期,内涵发展、特色发展将成为新一轮发展的核心竞争力

综观世界教育改革趋势以及我国基础教育的未来走向,可以看出,北大附小的未来发展必将聚焦于两个层面:内涵发展与特色发展。它们的协调统一,构成了未来北大附小前进的方向。

把握内涵发展、特色发展的要义,首先要求我们充分发掘深厚的文化底蕴,这是学校的核心力量,是无法简单模仿的学校精髓。其次,要发展鲜明的品牌个性,即充分展现和弘扬学校品质和品格,弘扬学校的核心价值体

系，让北大附小成为真正优秀教师的聚集地，成为优秀学生的聚集地。最后，要形成特色教育模式和特色课程，这是学校改革创新的集中领域，能很好地体现校长的个性化办学思想和理念。

2. 国际教育、民办教育同步，积极探索学校办学新模式

在内涵发展、特色发展的同时，我们也要积极酝酿国际教育与民办教育战略，为学校的发展抢先占地，预留空间。当前，相比其他兄弟学校，北大附小有很多外出交流的机会，我们应该充分把握这些机遇，仔细思考我校国际化教育的人才培养模式，真正与国际教育接轨。条件成熟时，我们甚至可以办国际学校，把我们的品牌进一步加强、辐射、延伸。

为了北大附小的全局发展，我们在规模扩张上也要迈出步伐。目前，国家政策对于民办教育的发展是大力支持的，我们应该在这方面有所作为。关于这一点有几个不同的思路，最重要的可能是要吸纳民办资金投入，对此，我们的原则是要慎重选取发展方向（小学教育还是幼儿教育），慎重选取投资人，慎重进行风险规避。

3. 认清形势，增强危机意识，统一发展认识

针对目前教师群体中出现的部分疲软情绪以及发展动力不足的状况，我们首先要认清形势，增强危机意识，统一发展认识。认清形势，即在世界教育改革的潮流下，在我国基础教育发展的形势中，在学校内外竞争的激烈情境下，思考北大附小的准确方位，找出自身存在的差距和不足。我们现阶段亟需思想的清理，彻底消除自恃才大、自视清高的现象，本着踏实苦干的精神，聚精会神提高教学竞争力，一心一意谋学校发展。为此，我们可以连续招开思想认识的务虚会，或者教代会，通过校长报告、专家讲解、民主讨论的形式，认真清理我们的思想地基，凝聚发展合力。

4. 以改革创新为突破口，加快教师队伍建设步伐

当前，推动学校发展的根本出路还是在于改革与创新。具体来说，是人才的变革以及制度的变革。用新的思想去引领，新的做法去推动，新的人才去管理，这样才能根除积弊，激发发展的活力。我们要有针对性地制定一些举措，如推进名师培养工程，加快新人培养，引入更加激烈的竞争机制，鼓励

教师的正常流动等，以此来推进教师队伍建设。

5. 强化科研意识，以卓有成效的行动提升学校教科研品位和水平

当前，随着教育改革的深化，加强教育教学研究，走科研兴校之路，是教育形势发展的必然。教而不研则浅，研而不教则空，教师综合素质的提高，必须依赖于行之有效的教育科研。鉴于此，学校要形成层层领导，交叉沟通的“科研网络”，并着眼北大附小教科研的现状和问题，进行有针对性的诊治。短期来看，针对当前教师们繁忙的工作状态以及学校发展的现实困难，我们需要进行策略性的变通；长远来看，我们需要立足学校发展和教师发展，积极寻找和研究我们需要的、真正有意义的课题。

第五节 未来教育发展关键词①

《国家中长期教育改革和发展规划纲要(2010—2020年)》提出了未来教育发展的8字方针，即“促进公平，提高质量”，这在当前基础教育学校发展中是有深刻含义的。从我个人的理解来看，至少有以下三层含义：第一，未来的教育，一定是面向全体，有教无类的公平教育；第二，未来的教育，一定是面向个体，尊重差异的个性化教育；第三，未来的教育，一定是为学生一生的幸福成长奠定基础的高质量教育。

全体和个体

面向全体，有教无类，用我们熟悉的一句话来说就是“一个都不能少”。我们国家这些年努力实行普及九年义务教育，就是面向全体，让每一个适龄儿童少年都能进到学校里来，使每一个学生都在原有的基础上有所发展，都在天赋允许的范围内充分发展。比如说，你赞许的目光是不是只给了前三排，你的微笑、你的点头或者说你的关注等，是不是只给了那些成绩好的孩子、听话的孩子，我觉得这就是考验你是不是面向全体。

面向个体，尊重差异，用另一句话来说就是“不让一个孩子掉队”。这曾经是2002年布什政府签署的美国历史上的一项重要法案，继布什之后，奥巴马政府一直在不断地推进和完善。从人性论的角度来看，每一个人都有优点与缺点，也都有自己的特长与潜能。但是人是有差异的，所以需要尊重差异。从人的发展论上来看，有的小孩早慧，自小就很聪明；也有的小孩大器晚成，一开始好像并没有起色，但一下子就突飞猛进了；还有的小孩发展进

① 本文为2014年12月教师全体会讲话摘编。

入到瓶颈期了，后来又突然发展起来了……。什么情况都有可能出现。因此，作为教育者，我们要尊重差异，任何孩子都不能放弃。

关于为学生提供奠基终生幸福的高质量教育，这需要我们不断更新教育理念，不断磨练教育艺术，不断激发教育活力，用我们的爱和智慧给孩子性格、能力和个性等多方面的塑造。什么是高质量的教育？高质量的教育应该是超越知识、走向智慧、激发创造、健全人格的教育，它将为学生将来拥有终身幸福的精神生活打下坚实的知识能力基础。

智慧型教师

智慧型教师是教师之于教育所达到的一种品质、状态和境界，具体表现在：具有敏锐感受、准确判断变动过程中可能出现的新情况、新问题的能力；具有把握教育时机、转化教育矛盾和冲突的机智，和根据实际情境及时作出决策和选择、调节教育行为的魄力；具有使学生积极投入学校生活、热爱学习和创造、愿意与他人进行心灵对话的魅力。

教育智慧可以由低到高划分为三个水平层次：第一层次——技能熟练且恰当运用阶段，指教师在掌握了教学设计要求、常规教学方法的操作程序、多媒体的使用、课堂教学管理等多种技能的基础上，能够较熟练且恰当地运用，使师生交流正常、顺利达成教学目标的状态；第二层次——机智应对突发性教学情景阶段，指教师在第一层次的基础上，还能做到对课堂中生成的各种问题机智面对、有效引导，达成良好的教学效果；第三层次——融通共生、达到自由和美的境界阶段，是指教学体现了教师才学与教学活动的自然契合，师生沟通交流通融和谐，教师的聪慧激发出学生的智慧火花，课堂情景呈现出求真、求善、求美的和谐统一状态。这是真正教育智慧达成的状态，是教学的最高境界。

在实践中，教师教育智慧的形成途径是多方面的。因而教育智慧的构成也是多类型，多方面的。它既包含了基于整体感知、直觉把握形成的知性智慧，基于理论思考、规律认识的理性智慧，基于职业感、道德感、人际交往、师者爱心的情感智慧，也包含了基于个体经验积累、实践感悟、教学反思形成的实践智慧。

从教育智慧的外延方面分析，教育智慧渗透在教学工作的所有方面。从内容划分的角度看，它主要包括组织材料进行教学设计的智慧，教学内容呈现的智慧，在师生沟通对话中引领学生的智慧，教学方法选择和应用的智慧，教学过程组织管理的智慧，个别化教学策略应用的智慧等方面。

教育智慧是教师整体素质的核心构成，它内在地决定着教师教学工作的状态、质量和水平，进而深刻地影响人才培养的质量。教师的教育智慧使他的工作进入到科学和艺术相结合的境界，充分展示出个性的独特风格。

智慧型教师的教育智慧是教育科学与艺术高度融合的产物，是教师在探求教育教学规律基础上长期实践、感悟、反思的结果，也是教师教育理念、知识学养、情感与价值观、教育机制、教学风格等多方面素质高度个性化的综合体现。

北大附小的教师

目前，随着时代的飞速发展，以知识为统领的社会正在发生日新月异的变化。首先，知识更新的速度加倍进行；其次，知识的分化和综合化同步进行；再次，知识增长从理论形态向技术形态转化的速度加快；最后，知识传播的方式发生转变。面对知识经济的深层次浪潮，教师赖以存在的知识性优势已不复存在了，教师何以成其为教师？未来的教师需要的最重要素质是什么？在这里，我采用西方教育家的一个比较经典的说法，即我们如何用最好的办法达成教书育人的目的。在我看来，北大附小的教师至少要具备这样三种素质：第一，感触未来，面向未来；第二，学会读书，学会思考；第三，怀抱理想，不断创造。

怎样感触未来，面向未来？首先，要让新理念走进教师心里。在每个工作岗位上，教师首先要做到自己思想不断更新，对人、对教育、对社会不断加强理解，能够不断转变自己的教育方式。其次，要建立学习型组织。教师之间不是孤军奋战，不是单打独斗，要形成相互沟通、相互交流、相互启发、相互支持的学习型团体。在这个团体中，大家共同讨论学生，讨论教育问题，讨论工作感受，对工作的改进发表自己的意见。

怎样学会读书，学会思考？记得有位校长提出一句令人警醒的话语："最庸俗的人是不爱书的人，最吝啬的人是有钱也不买书的人，最可怜的人是不读书的人，最无力的人是不会写作的人。"面对未来的教师的挑战，这恐怕是我们最需要冷静思量的。我感觉我们的教师读书的氛围还不够浓，思考的气息还不够浓。不读书、不思考，就会缺乏眼界、缺乏革新、缺乏活力、缺乏创造。我主张我们的教师应该少一点烟酒味，多一些书卷气，成为一位名副其实的文化人。

怎样怀抱理想，不断创造？一个理想的教师，他应该是个天生不安分、会做梦的教师。教育的每一天都是新的，每一天的内涵与主题都不同。只有具备强烈的冲动、愿望、使命感、责任感，才能够提出问题，才会自"找"麻烦，也才能沉醉在工作之中，享受到身为人师的快乐。未来的教育家应该投入全身心的力量去爱学生、爱教育。只有爱，才能赢得爱。你爱学生，学生才会爱你。你爱教育事业，教育事业也会爱你，你才能获得事业上的乐趣。

发展关键词：和谐

什么是和谐？最简单地说，和谐指的是人与人之间的关系，或者说每一个人内心都达到和谐、安详状态。

我们倡导的和谐教育，是一种以和衷共济、内和外顺、协调发展为核心的素质教育模式。它是以校园为纽带的各种教育要素全面自由整合、协调和整体优化的育人氛围，是学校教育各子系统及各要素间的协调运转，是学校教育与社会教育、家庭教育和谐发展的教育合力，是以学生发展、教师发展、学校发展为宗旨的整体效应。

这里，和谐有几个要义，第一，发展大局上存在共识；第二，工作方式和氛围上整体优化；第三，发展各主体之间形成整体合力。一所学校要形成真正的和谐文化，三者缺一不可。

你好，我好，大家都好，这种貌似的“和谐”是真和谐吗？判断和谐与否的标准，是对发展有没有利，是否符合和谐的三个要义。因此，从这个含义出发，在学校工作中，我们要做到三个坚持：第一，坚持讲是非；第二，坚持讲原则；第三，坚持讲底线。我们要强调这三点，因为没有这三点，我们做不了事，更做不成事。

真正的和谐，需要我们重新审视我们与人相处的原则和道理。过去一直讲的三要素，我看在今天也是适用的：第一，换位思考；第二，尊重；第三，互惠。

发展关键词：民主

民主，从词源上说是社会政治学术语。在教育生活中，我们提倡的民主开放，就是在师生平等的基础上建立的一种比较和谐的共同讨论的融洽氛围。它要求我们平等地尊重每个人的自由发展，创造各种机遇和条件使每个人发展自己的兴趣和目标，给全体受教育者以平等、宽容、支持的机会和条件获得知识、发展兴趣、实现理想，提供造就人格的时间和空间。在这里，民主至少有两层含义。第一，是符合理性的，如民主强调的是个体的自主行为，而不是强制；是通过表达同意或赞成与否的方式而不是暴力方式。第二，民主不是随意的，是有秩序的，是精心设计的。

民主是不是就是没有规矩，没有原则？民主是不是没有要求，没有分寸？答案显然是否定的。例如魏书生老师的课堂就是真正的民主课堂，没有教师盯，没有班主任管，完全靠学生民主去管理。有的老师看到这里也许会简单地认为“民主就是放任，就是不作为”。如果我们仔细想想，魏老师的课堂是真的放任、不作为吗？其实，他的民主是有前提的，是建立在学生良好的学习习惯基础之上的。实际上，没有原则的“民主”是对错误的一味纵容，没有质量的民主也只是形式主义的民主。民主的目的和归宿是孩子的身心健康发展，任何泛化的民主、随意化的民主，都只会导致教育质量上的倒退。

北大附小的发展课题

1. 北大附小再发展的思考

如果说前些年北大附小经历了创业起步、规范发展期，那么现在就应该处于向个性化发展、成熟化发展迈进的重要时期。个性、成熟的一个最重要的特征就是，优质教育资源的做大做强。它是一个系统工程，包括人力资源、课程教学、文化建设、特色品牌等各个方面的综合努力。要做到这一点，北大附小还是要坚持在质量上下功夫，以取得效益和规模的双重胜利。

2. 深度挖掘核心竞争力

真正的名校并不依托于外在，而是依托于其内在丰富且深刻的思想追求与精神传统。办学特色是一所学校灵魂的体现，它决定了学校的发展方向和规模。北大附小的核心竞争力在哪里？如何传承、续写这样的核心竞争力？在未来的日子中，我们要通过全面的调研和剖析，进一步梳理学校的办学理念、办学特色，并基于此构建学校的发展规划。

3. 坚定不移提高教育质量

课堂教学是学校教育的核心，课堂教学质量在很大程度上决定了学校的教育教学水平。今后，我们要以不断革新教育理念、不断改进教学方式、不断提高教师素养为抓手，促进学校教育质量的整体提高。

4. 在突出人文关怀的同时，加强精细管理

优质的管理是学校办学理念得以贯彻落实、教师队伍得以建设、教育教学水平得以提高的关键因素。我们在突出人文关怀的同时，还将加强精细管理，建立健全各项制度，赏罚分明，不断促进教师自主学习，并通过建立有效的学习型组织，改善心智模式、形成共同愿景。

5. 提升学校教科研水平

高质量的教科研既是学校品牌提升的途径，也是教师实现专业发展的重要渠道。我们将以调研、座谈的方式，结合学校办学特色的需要，剖析学校已有的科研工作，并提出改进建议。同时，以干预研究的方式，切实培养

教师的教科研能力，完善学校的教科研制度。

6．加快教师专业化发展

每一次划时代的教育改革，都必须依据教师这支队伍来实现。因此，教师专业化发展永远是教育研究中最为热点的研究课题。现阶段，我们要加快人才培养力度，促进人才梯队的结构化，为培养一批优秀的教师队伍而努力。

7．促进家校共同成长

北大附小的未来发展很大一部分的压力来自于家庭。如何有效地运用资源，达成与家长之间的良性沟通，研究出有效的策略、办法，是摆在我们面前的大课题。我们将在调研和座谈的基础上，分析家校合作的现状，设计、规划新时期家校合作的新模式、新思路。

第四章 人文浸润，教学整合

第一节 文化润泽儿童生命①

各位领导、各位同行，大家好！

很荣幸有这样的机会和大家一起学习交流，分享教育管理实践的经验与体会。下面，我从四个方面来进行阐述。

一、从文化建设入手，北大文化铺就管理底色

北京大学附属小学是一所百年老校。多年来，北大附小的发展一直有着较为明晰的定位，即将自身作为一所“北大的”附小，一所无论在自然环境上还是在文化气质上都与北大息息相关的真正意义上的附属小学。而这样的学校是“充满人文精神，并与北京大学相匹配的一流小学”。正像《北大附小校园三字经》中所写道的：“山之巅，惠风荡。水之源，恩泽长。北大附，小学堂。阅百年，历沧桑。……承北大，秉人文。尚风骨，崇理想。倡自由，求民主。兼包容，主开放。”这些文字精当地写出了附小与北大的历史渊源与精神传承。

作为一所学校，什么才是最重要的？是成绩还是素养？是“人”本身的发展还是学校的名誉？是应付当下还是着眼未来？我们认为：健康的体魄，快乐的童年，乐观的人生态度，远比考试成绩和单纯的知识传授更加重要。因此，学校不简单用成绩评价老师，给老师们以信任和尊重，让他们充分体验到教育教学的幸福和创新的快乐。老师不用成绩约束孩子，对有差异的孩子予以同样的尊重和重视，“舒张其自由，鼓动其求知，赞赏其创造，促进其成长”，用鼓励和欣赏传达一种价值观，让他们在学校享受到快乐、阳光、尊重、爱和自由。

① 本文为2015年6月换届报告上的讲话摘编。

这样的价值观进而决定了学校办学的方向和培养的目标，决定了校长与老师、老师与学生相处的方式和做事的方式。学校确定了“以人为本，让师生在爱与自由中快乐和谐发展”的办学理念。确定了“让每一个孩子都得到独具特色的发展，为使之成为幸福的、高素养的中国公民和世界公民奠基”的办学目标。让孩子们养成快乐、进取、儒雅、大气的品质。

在这里，“专心地学习，痛快地游玩”“快乐是师生的权利”“尊重老师的个性以及个性化的生活方式”“每个人都是重要的，但没有一个人是最重要的”“只有完美的团队，没有完美的个人”……已成为看得见的符号，内化到每一个人心里，体现在每一个人的言行举止中。

二、从战略规划入手，目标明晰勾勒共同愿景

我们这届班子已连续任职12年，回顾北大附小的办学历程，可以分为以下三个阶段。

第一阶段（2002—2006年）：以硬件建设为主的内涵发展阶段。

第二阶段（2007—2010年）：以软件建设为主的主动提质阶段。

第三阶段（2011—2014年）：软硬件建设并行的创新发展阶段。

2002年7月，学校新一届领导班子正式换届。通过为期三天的教职工代表大会，统一了思想，凝聚了共识，提出“夯实基础（硬件、软件），苦练内功（德、勤、技、能），广泛汲取（博采众家之长；‘他山之石，可以攻玉’；取人之长，补己之短，借鉴别人的经验，不断创新），韬光养‘慧’（收敛锋芒，滋养智慧，集中力量走出瓶颈），蓄势待发（积攒智慧能量，再创辉煌）”的20字方针。这一阶段，学校发展面临诸多挑战。与蒸蒸日上的北大相比，附小的发展稍显滞后。

我们重新对附小进行了整体规划，在规划中坚持：① 保持风格与北大一致，青砖、灰瓦、红廊柱；② 坚持依树建校，保留所有古树；③ 保留所有的名人故居和古建；④ 建造第一座生态教学大楼。

软件上，重新调整师资结构，对当时由北大教授夫人和1970届初中毕业生占主导的团队进行了重新的安置和调整，引进一批年轻的大学本科生到

附小，让学校更有活力。

2007年换届后，我们认真总结了学校四年发展的成绩和问题，对未来四年做出了新的规划："抓细节，促内涵发展；搭舞台，推名师梯队；拓视野，与国际接轨。"这一阶段，学校整体的框架已经完成，但如何把附小的文化内涵渗透到建筑群之中并赋予生命，让学校每个角落都凸显文化内涵，这是我们考虑的主要内容。

具体体现在硬件上：① 精心设计学校景观文化（对"奇石萌发""古松情深""翦老故居"等十三景观配以与之相应的七言律诗，赋予自然景观丰富的文化内涵）；② 修缮名人故居（历史学家翦伯赞，法学大师陈守一，著名诗人何其芳，著名文物专家、收藏家王世襄等人的故居）；③ 新建学校操场；④ 新建地下车库。在软件上：① 开始引进和培养具有研究生学历的师资；② 有计划、成梯队地培养名师；③ 尝试开展国际交流，让更多的老师和孩子走出国门；④ 更加重视科研和教研。

2011年换届后，针对教育改革强调综合、强调选择的趋势，我们又确立了新的规划——"科研引领，课程助力，特色发展，多元开放"。这一阶段，我们特别关注课程，从建立独特的课程体系开始，注重学习型团队建设，努力营造多元思想相互激荡的科研氛围。

同时，我们仍然致力于硬件条件的不断改善，先后建设了：① 植物温控室；② 数字天象厅；③ 四个机器人专业教室；④ 一万多平方米的综合体育馆。在软件上：① 推出了学校"土生土长"的名师；② 构建了附小独特的生命发展课程体系，完成了从学校课程到学科课程的建设。

综上所述，"文化引领、凝聚团队、软硬并进、各有侧重"的战略规划，使学校实现了从传统办学到自主办学再到特色办学的新跨越。

三、从团队建设入手，多元异质凝聚核心动力

附小的文化重在团队的"和谐共升"，营造"尊重个性、包容异见、宽容失误、鼓励创新"的自由和谐的氛围。一方面，学校积极提供条件，放手让老师去做想做、有兴趣做、有能力做的事情。另一方面，学校也让老师们察觉到

个人智慧的有限性，希望老师们能够纳百川、怀日月、互欣赏，在团队合作与研究中碰撞提升。团队既是专业学习的共同体，更是彼此之间展开对话和合作研究的有机体，从而上升到“超越个人，将个人和团队合为一体的和谐共升的精神层次”。

我们的教师团队有一个明显的特点——多元异质。其中有国内著名院校毕业的，也有海外留学回来的；有师范专业的，也有新闻、出版、法律等非师范专业的。因为教育背景不同，这些老师能够跳出国门看教育，跳出教育看教育。

附小教师队伍多元异质还表现在男女教师的比例上，目前附小的男教师占到40%，这样的组合让小学教师队伍更多了一些阳刚之气，多了一些男性特有的思维和视角。

除了教师团队的“宽口径”，在“厚基础”上，我们也有自己的规划和追求。随着课程建设和改革的深入，学校的特色课程建设越来越需要有专业教师的引领。今年我们就专门选聘了国际关系学院笔译专业毕业的国家二级翻译李东，在中国水墨画上颇有功底的清华美院的李辰，首都经贸大学金融系毕业的王伟三位硕士到我校任教。

“重文化、宽口径、厚基础、大视野”的教师团队为学校发展积聚了强劲的动力，在教学工作中始终保持着宏阔的视野和旺盛的创生能力，使学校发展有了更开放的空间。

四、从课程建设入手，教学创新突破发展瓶颈

“有什么样的课程就有什么样的教育”，这句话充分揭示了课程之于学校教育的重要性。课程是学校发展的核心，也是学校发展的原动力。北大附小一直非常重视学校课程的建设，并在2012年成为海淀区14所“课程整合、自主排课”的实验校之一。学校以此为契机，在课程方面进行了深入的探索，逐步构建了生命发展课程体系。

1. 生命发展课程体系的含义、架构和具体内容

生命发展课程，英文名称“Life Development Curriculum”，简称L-D课程。在具体的释义中，我们把Life重点加以阐释，它的每一个英文字母L、I、

F、E分别代表不同的含义：L——Love(爱)；I——Inclusion(包容)；F——Freedom(自由)；E——Esteem(尊重)。其主要架构表现为“三层次—五领域”(如图1所示)。三层次分别是：面向全体的基础类课程，面向部分的拓展类课程，面向个体的研究类课程。五领域分别是：人文素养，科学素养，健康艺术，社会交往，国际理解。

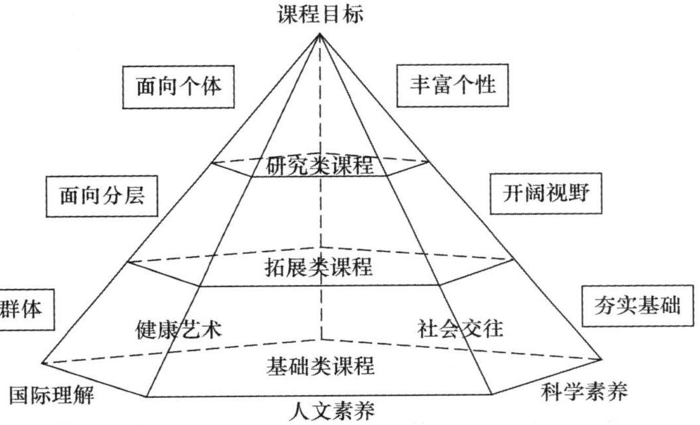

图1　北大附小生命发展课程模型图

每个层次和领域都对应着多门课程，总计10个维度，25个课程模块，102门课程。这样多维立体的课程结构最大的特点是选择性。附小提倡学生的自由、个性化发展，而自由最重要的内涵就是选择的自由。通过这样的多元、开放、立体、自主的课程，让每个孩子体味不同课程带来的不同滋养，给予他们更多的自主选择机会和自由成长空间。

举例而言，“人文素养”领域分了“人文知识”与“人文实践”两个维度，“人文知识”的维度中包括“中国文化”“历史知识”“艺术赏析”“经济学”等四个课程模块(如图2所示)。从内容上来看，这一领域的基础类课程有“语文”“阅读”“书法”3种课程，拓展类课程有“围棋”“国学赏析”“校园文化”“金融知识”等15种课程，而研究类课程有“趣味经济学”1种课程。

在具体实施上，学校根据不同年级的不同学段，采取不同的形式来进行(如图3所示)。

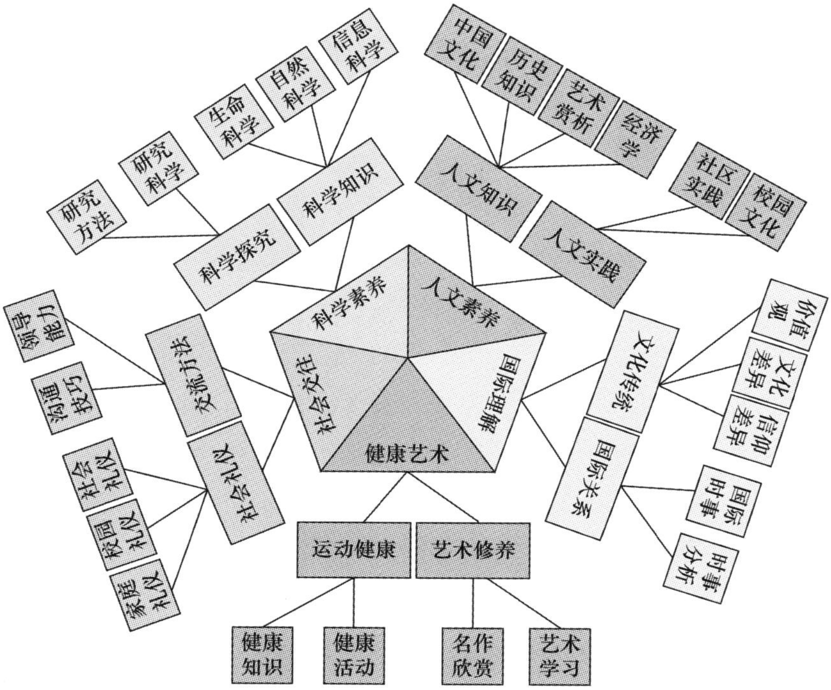

图 2　北大附小生命发展课程内容结构图

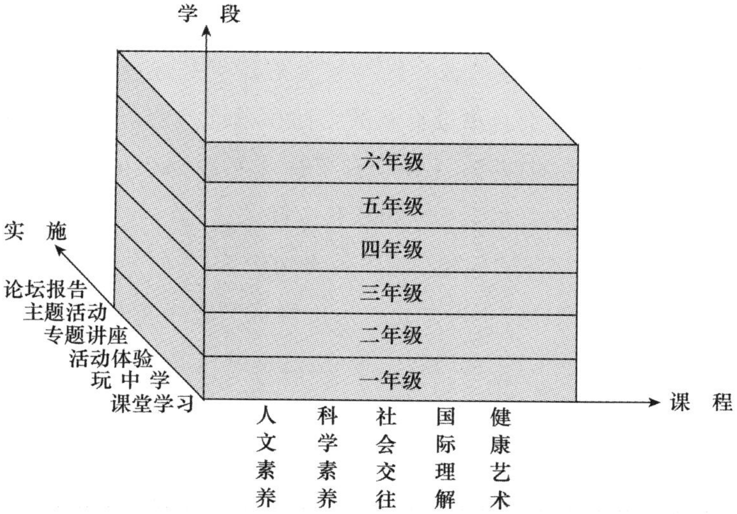

图 3　北大附小课程实施结构图

2. 生命发展课程体系的特点

特点一：这一体系是突破当前考试文化、着眼未来的高位而有机的体系。

北大附小的课程设计有着宏阔的视野和去功利化的指向，不是解释当下，应付考试，而是重在引导学生思想的自由和人格的独立，最终指向学生在校的自由成长和未来的幸福完整。每个孩子都是独一无二的，都有自己的成长轨迹。要通过课程的设置让每个孩子都得到发展，并且得到多向度的发展。

举例而言，附小所使用的语数外等主要学科的教材与海淀区统一使用的都不一样，语文是人教版的，数学是浙教版的，英语也在试用《朗文新派少儿英语》（*New Parade*）教材。这是老师们在周密的对比研究和长时间的试用之后确定的最适合本校学生的教材版本。然而教材不同，可能就无法涵盖海淀统测或监测的内容要点，考试成绩就难免会受到影响，但附小仍然不改初衷，坚持使用。对于考试，校长和附小老师都有着一种高瞻远瞩的淡定和大气。

另外，附小课程架构的高位还体现在课程领域的设置上。学校设置了人文素养课程，把对北大文化的了解和传承通过课程的方式固定下来，而且还落到实处。另外，“社会交往”和“国际视野”等课程领域的设置既紧扣学校的办学目标和培养目标，又表现出了一定的创新性。

在具体课程上面也是如此。人文素养领域中的拓展课程“妙趣横生经济学”一直是孩子们津津乐道的课程。虽然经济学内容一般到高中或是大学才会涉及到，但附小的老师们有着更深层的考虑。正如高晨老师所说的，课程的定位在于“虽然不是每一个学生将来都能成为经济学家，但是希望他们能够用经济学知识进行思考；虽然不是每一个学生将来都能成为企业家，但希望他们能够管理好自己的生活”。目前我国少儿经济教育的理论还很匮乏，这门课程的设置独特而有必要，能够让学生了解相关经济学知识，学会选择和放弃，学会规划管理自己的生活。这种高瞻远瞩的思考体现着北大附小人高位的价值追求。

另外，数学课的老师致力于用有趣、有用、有价值的课程来激发学生探索的欲望，在他们身上植入好奇的种子，让学生们完全沉浸在数学当中。他们的课程往往不仅仅是数学课，同时融入了生活实践、哲学思辨等很多层面的内容。

由以上实例可以看出，附小的课程设计是非常高位的。另外，附小的课程体系是一个完整的有机体，体系中的每一门课程都不是可有可无的，都可以融入到一个系列学科群中去。各门学科都是分别围绕学科课程门类、学科课程知识、学生生活实践、学生学习方法四个核心整合过的。通过这样的整合，学科的内容精炼而高效，避免了学科门类繁杂、学科知识琐碎的弊端，让课程的实施更高效更集中。

因此，北大附小的课程设计是以学校的办学目标和培养目标为依据，以科学的课程领域划分和具体的学科门类为支撑，以课程教学的实践性探索为途径的高位而有机的体系。

特点二：在顶层设计与整体架构的同时，兼顾精品课程和特色课程的建设。

立足生命发展课程体系的目标和内容，附小在保证课程的整体性架构的同时，也没有忽略具体的精品课程和特色课程的开发。目前，附小共开设了不同的学科拓展课程、兴趣课程、特色课程共 15 个模块、数十门课程。在特色课程建设方面，北大附小一直注重基础性和前瞻性，给孩子们需要的、有趣的知识。

以数学学科为例。首先，数学团队研究了国内现有的不同版本的教材，并将之与美国、日本、韩国、新加坡等国家的教材进行比较，重新整合适合学生的教学内容和方法，并在专家引领下最先将科学的调研法引入到教学设计之中。同时，更加关注学生学习的过程，尊重学生学习过程中的问题，并将学生的认知困难看作引领学生探究的宝贵财富，让学生多一些操作的体验，多一些研究的空间，多一些思维碰撞的时间，引导学生用看得见的去想象看不见的，用有限的去想象无限的。2004 年，数学团队率先带领学生开始了数学综合实践领域的探索和研究，学生自主选择身边感兴趣的数学问题，通过团队合作确定研究课题，设计研究方案，形成研究报告，交流研究成果。孩子们的想象力、创造力、运用数学知识解决问题的能力令北大的教授们惊叹不已！

又如，“智能机器人”是附小比较成熟的特色课程。2011年，学校加大了智能机器人课程的广度和深度：在课时上，由原来的常规课时变为现在的90分钟大课时；在授课对象上，由原来的三、四年级变为所有年级；在专用教室安排上，由原来单个的机器人活动实验室变成现在两间并驾齐驱的机器人专业教室。

北大附小的生命发展课程体系是附小老师具有原创性的探索，为中国的课程理论和实践提供了有价值的探索经验和研究资源，被裴娣娜教授赞许地称为“一场变革性的实践”。正是藉由这样的课程体系，北大附小实现了学校的个性化的发展，也实现着“让生命自由成长”的理想和目标。

学校管理是一门科学，也是一门艺术。著名管理大师德鲁克曾说：“管理是一种实践，其本质不在于知，而在于行。”其实，学校管理，说到底就是站在普遍人性的立场上，从人的需求出发，思考并选择恰当的管理行为。在这个过程中，校长可能要身兼多种角色。既是一个胸怀全局的领航者，又是一个脚踏实地的追梦人；既是一个统筹谋划的经营者，又是一个以人为本的粘合剂。特别是未来的教育更加多元化、个性化，资金的缺口、体制的变化、家长的需求、社会的期待，作为教育均衡体制下的公办学校，我们将面临着更大的挑战。如何破解，这是我们共同面对的难题。

“路漫漫其修远兮，吾将上下而求索。”我的发言到此结束，谢谢大家！

第二节 腹有诗书气自华[①]

北京大学附属小学地处清代王家花园，前身是京师大学堂附属高等小学堂，历史悠久，环境幽雅，人杰地灵。这里既有我国著名历史学家翦伯赞老先生生前居住过的20世纪20年代的欧式别墅，又有著名收藏家王世襄老先生的故居——极具中国特色的古色古香、红廊灰瓦的明清建筑。附小依傍于北京大学校园，耳濡目染北大的风气，一贯秉承北大兼容并包的学术理念，具有得天独厚的文化优势与精神资源，自由民主的学术精神犹如春风化雨，在附小的土地上润物无声。这里是孩子们天性施展的乐园，是孩子们快乐成长的沃土，更是孩子们驰骋学海，陶养身心的场所。冰心老人的题词“专心地学习，痛快地游玩”饱含了老人对附小学子的殷切希望，同时也是学校力求之宗旨。我们追求高品位的校园文化，着力打造书香校园，不断积淀传统老校丰厚的人文底蕴，使之既有时代朝气，又不失儒雅风范。

基于这样的文化滋养与办学理念，附小历来都特别注重读书活动，特别是古典诗文的诵读活动。中华古典诗文在历史文化长河中占着举足轻重的地位，它是我国民族文化的精髓，是世界文化艺术宝库中的一颗璀璨明珠。早在90年代初，学校部分年级就开展了专门针对经典古诗的诵读活动。1998年，中国青少年发展基金会（以下简称“青基会”）成功推出“中华古诗文经典诵读工程”，这对于提高青少年的人文素质、传承中华文明具有重要的现实意义和深远的历史意义。于是，北大附小率先响应，积极参加。在青基会的大力支持下，古诗文诵读活动在原有的基础上，不断扩大规模，迅速发展。师生的诵读热情日益高涨，校园内诵读氛围浓厚，很快形成了学校的一大特色。

① 摘编自《北京大学附属小学古诗文诵读活动汇报》。

国学大师季羡林先生听说北大附小掀起了诵读古诗文的热潮，非常高兴，他说："我们中华民族有四五千年的文化历史，我们古代诗文在全世界也是数一数二的，这是非常精美的东西。"季老先生还鼓励同学们："继续努力，多背，背得越多越好。这对一个人了解过去文化，对个人修养，提高人文素质，都有很大的好处。"季老的话，大大激发了我校师生的民族自豪感和背诵古诗文的兴趣，对北大附小古诗文诵读活动是极大的鼓舞和促进！

十余年来，古诗文诵读活动也已成为我校全员参与，全情投入，规模化、系列化的传统校园文化活动中的一个重要部分，学校已经逐渐形成自己独特的诵读风格，取得了比较显著的教育效果。

一、"忽如一夜春风来，千树万树梨花开"——学校重视、科学规划，确保诵读活动有序、扎实地开展

诵读活动初期，是由学校四、五年级自发组织，后来逐步扩展，全校铺开，人人参与。特别是从1998年青基会提出"诵千古美文，做少年君子"的号召后，学校为确保"中华古诗文经典诵读工程"扎实、有效地开展，成立了古诗文诵读活动领导小组，制订了《北大附小实施中华古诗文经典诵读工程计划》，确立了诵读目标，规定了诵读内容，落实了诵读活动的指导老师，并制定了固定背诵时间、定时检查、定时表彰等一系列措施，为古诗文诵读活动在我校的开展提供了保障。

1. 组建富有活力的领导机构和辅导员队伍

由学校德育处、教导处、大队部共同组成的古诗文诵读活动领导小组，校长任组长，德育处主要负责活动的总策划，具体负责诵读内容的安排，同时与教导处、大队部协同合作，负责诵读活动的督促、落实、检查和评比。由语文老师组成专门的指导教师队伍，具体负责古诗文诵读活动的指导；由音乐、美术老师做艺术辅导员，将古诗文诵读与器乐、书画、舞蹈、合唱、京剧、小品等喜闻乐见的艺术形式有机结合，激发学生参与的积极性。

经学校古诗文诵读活动领导小组研究决定，学校总称"北大附小古诗文诵读团"，下设六个年级为六个分团，由年级组长负责，每个年级的各个班称

为古诗文诵读社，由班主任和语文老师负责诵读指导。人人开口背，班班诵诗文，轰轰烈烈的中华古诗文诵读活动在北大附小全面展开。

2. 制订科学的诵读计划

在《北大附小实施中华古诗文经典诵读工程计划》中，我们明确规定以《语文课程标准》推荐的《小学生诵读80首》为基础（贴近教学），以《中华古诗文读本》十二集为教材，以精选的部分唐诗宋词中的经典名篇为拓展，分年级循序渐进地引导学生领略中华古诗文的博大精深。计划中明确了诵读目标：每学期每名学生熟读（诵）30～50篇古诗文，从低年级到高年级逐渐增加古文数量，小学毕业时能达到熟读（诵）200篇左右古诗文的程度；并使学生参与古诗文诵读比例达到全校在校生的100％。

为保证学生有足够的诵读时间，我们在不增加学生负担的前提下，把学生在校在家的诵读时间都做了科学的安排。在校：① 利用每天20分钟的早读时间进行新篇晨读；② 利用每节课前的2分钟预备时间进行课前小吟；③ 利用中午管理班时间进行午间趣读；④ 利用每周的阅读课进行美文赏读；⑤ 利用班队会时间进行评比赛读……

同时，我们通过家长通知书，把古诗文诵读活动的内容、意义、要求及时传达给家长，做好调研和宣传工作，争取家长的支持和配合，唤起他们对传统文化的热情，邀请家长担任经典诵读的义务辅导员，由家长参与监督和检查学生在家的诵读情况。

3. 制定比较完善的督促、检查、奖励和考评制度

古诗文诵读活动的意义在于未来，所以它很难是学生自己的自觉选择。针对这种情况，我校采用了“分级负责制”。以班为单位的诵读社，由班主任负责诵读活动的组织、督促、检查和落实，对于背诵量达到50首以上的同学，可申报第一级别“诵读小标兵”称号，对于背诵量达到100首以上的同学，可申报第二级别“诵读小诗仙”的称号。各班诵读社成立学生评审委员会，负责定期评审、记录符合条件的“诵读小标兵”和“诵读小诗仙”，学期末由学校古诗文诵读活动领导小组审核各年级上报的“诵读小标兵”和“诵读小诗仙”的学生材料，通过审核后，将和“三好生”一起在全校结业式上给予表彰，并

颁发证书。根据各班“诵读小标兵”和“诵读小诗仙”的数量，评选出“古诗文诵读优秀班级”。

为调动学生的背诵积极性，老师们还根据各班情况采用了各具特色的鼓励措施。几年来，我们的学生无论在诵读数量上还是诵读质量上都有极大提高，少则几十篇，多则五六百篇，诵读水平也从原来的含糊不清到现在的韵味十足。古诗文诵读已经成为学生们生活中的一大趣事。

二、“不识庐山真面目，只缘身在此山中”——营造浓厚的校园文化氛围，多方位推进“古诗文诵读活动”

“中华古诗文经典诵读工程”作为加强学生德育教育的生动载体，不是一个孤立的活动，它与学校的教育教学活动相辅相成，充满了生机与活力。我校把“中华古诗文经典诵读工程”与学校教育教学活动、校园文化建设活动紧密结合，起到了相得益彰的作用。

1. “接天莲叶无穷碧，映日荷花别样红”——把古诗文诵读融入到民族艺术教育活动之中

“以美育德”一直是北大附小的育人特色：用艺术教育点燃学生创造的火花，开发学生的智力、陶冶学生的情操、净化学生的心灵、提升学生的素养。我校民族艺术教育活动的开展颇有成效，因此，我们充分发挥艺术教育特色校的优势，把古诗文诵读融入到多姿多彩的民族艺术教育活动之中，拓展了古诗文诵读活动的空间，使它更加具有生机与活力，更加鼓舞人心。

“诵千古美文，做少年君子”的响亮口号，带动了古诗文诵读活动的开展，逐步形成校园文化活动的一个高潮。1999 年 6 月，“中华美文在校园中回荡”的大型诵读表演，附小师生全员参与，气势磅礴；学校领导亲自指挥，激情满怀；各年级诵读分团倾力表演，各具特色。著名话剧表演艺术家曹灿老师、中央人民广播电台著名播音员方明老师、海政话剧团老团长陶浩老师，以及朗诵艺术家郑健康老师亲临现场，和附小师生共同演出。

此后，北大附小又陆续开展了一系列颇具影响力的丰富多彩的大型活动，民族艺术专场演出连年推出：2002 年“小荷才露尖尖角，民族艺术花满

园”,2003 年“唱京剧国粹生辉,诵诗文古韵新声”,2004 年“大红绸舞起来”,2005 年“花枝俏”,2006 年“国粹飘香”“北大少年唱响奥运”,2007 年“京腔京韵中国娃”“两岸四地语文教学交流开幕式、闭幕式文艺表演”。其中,古诗文诵读作为重要的表演内容,在每场专场演出中都占有很大比重。

值得一提的是 2003 年的大型文艺专场表演“唱京剧国粹生辉,诵诗文古韵新声”,是北大附小创造性地把京剧艺术与古诗文诵读结合在一起的一次大胆尝试。附小早在 1994 年就成立了“娃娃京剧团”,校园京剧是深受北大附小学生喜爱、参与度很高的一项特色艺术活动。能否把校园京剧和古诗文诵读有机地结合在一起,拓展它们的发展空间,充分发挥它们的育人功能? 一个是堪称国粹的古老的表演艺术形式,一个是沉淀千百年的经典文化精髓,在附小师生的精心策划下,二者珠联璧合、交相辉映,焕发出新的光彩,震撼着学生的心灵! 铁蹄声声,策马扬鞭,在京剧歌舞的衬托下,《少年行》中驰骋沙场的少年英雄形象仿佛徐徐再现;新编儿童京剧《岳家小将》的精彩唱段,把岳飞的《满江红》中精忠报国的爱国情怀演绎得淋漓尽致……。台上台下,你呼我应,个个投入,人人参与,经典诗文,八方传诵! 这次专场演出获得圆满成功,受到有关领导与专家们的充分肯定。此后,每次专场演出中,古诗文诵读都是以全员参与,台上台下共同表演的形式来表现,这也成为了北大附小独特的表演风格。

“两岸四地小学语文交流活动”是全国小学语文界,包括香港、台湾、澳门在内的大型学术交流盛会。在去年的“两岸四地小学语文交流活动”中,北大附小获得了四年一度的承办机会,我们精心策划、筹备、组织了为期两天的交流活动。在开幕式和闭幕式上展示了北大附小最具特色的文化艺术活动。而古诗文诵读作为附小传统特色活动理所当然地作为最精彩的压轴节目被安排在开幕式上。舞台上下,各年级师生高声吟诵,句句经典,声声美文,此起彼伏,气势如虹! 从“举头望明月,低头思故乡”的思乡柔情,到“但愿人长久,千里共婵娟”的深情祝愿;从“出淤泥而不染,濯清涟而不妖”的清雅从容,到“美哉我少年中国,与天不老! 壮哉我中国少年,与国无疆!”的壮志豪情。古诗文诵读引领着两岸四地的教育同仁在声声荡气回肠的千古绝唱中，开启了一次穿越时空的精神旅程，并同为炎黄子孙、同为中华文明的文化精髓而骄傲！我们的古诗文诵读，触动了他们的思乡之情，激发了他们的爱国情怀，让他们热泪盈眶、心潮澎湃、赞不绝口。中国教育学会小学语文教学专业委员会理事长陈先云在最后致答谢词时激动地说：这次“两岸四地小学语文交流活动”的成功举办，以及经典诵读引起的强烈反响，更让我们感受到古诗文诵读活动的深远意义。

2. “小荷才露尖尖角，早有蜻蜓立上头”——把古诗文诵读融入到班级特色活动之中

在我校的诵读活动中，各班的班主任发挥了很大的作用。每位教师发挥自身特长，把实施古诗文诵读同丰富有趣的各类中队活动紧密结合在一起，配合学校把诵读活动开展得生动活泼，真是“八仙过海，各显其能”。

你班来个赛诗会，我班来个擂台赛，这班来个古诗接龙，那班来个古诗新说，同学们你方唱罢我上台，大家你一首来我一首。“古诗文知识竞赛”“最佳朗诵小诗人”“每周一星”“班级诵读之星”“古诗文朗诵会”“挑战诗仙”“争当书香组”“家庭亲子背诵活动”……，既有切实可行的活动计划，又有目的明确的活动内容，还讲究了灵活多变的活动方法。校园里书声琅琅，一首首经典诗词就像一曲曲动人的歌谣，在校园里久久回荡。

老师们在组织诵读活动的过程中不仅仅是让学生记住名篇佳作，更注意挖掘古诗文中的育人因素，诵品结合，塑造人格。每学期都会有许多班级召开“知诗文”“唱诗文”“诵诗文”“谈诗文”等多种形式的古诗文主题班队会。同学们在老师的组织下积极参加，沉浸在诗词美文的海洋里，体会“先天下之忧而忧，后天下之乐而乐”的胸怀，“富贵不能淫，贫贱不能移，威武不能屈”的操守，“己所不欲，勿施于人”“己欲立而立人，己欲达而达人”的道德原则。学生们的思想认识、道德操守受到潜移默化的熏陶和影响。

办“古诗文小报”已经成为学生们经常性的实践活动之一。学校走廊文化中的“中华古诗文欣赏”、各班的壁报栏、学校的展板……都成为同学们展示自己作品和才华的阵地。诗配画、电脑报、手抄报……形式多样，应有尽有。

此外，大队部还利用北大少年广播电台开辟“古诗文诵读专题广播”栏目。语文教师和各班学生代表轮流主持，品味诗文，畅谈体会，师生互通，交流情感。古诗文诵读专题广播每周还向同学们推荐一句经典名言，如：“海内存知己，天涯若比邻”“学不可以已”“天生我材必有用”“锲而不舍，金石可镂”“敏而好学，不耻下问”……

在各年级的古诗文诵读活动中，学校多次聘请中央广播电台的专家、播音员和艺术院校的朗诵艺术家到校辅导，这不仅对学生们理解古诗文大有帮助，也给同学们的诵读增添了无穷的乐趣。艺术家们深入浅出的讲解和栩栩如生的示范诵读，深深印在孩子们的心田，学生的诵读水平大大提高。

古诗文诵读活动在不同年级、不同班级开展得有声有色，营造出浓厚的诵读氛围。学生们在充满人文味道的环境中，陶冶性情、开阔胸襟、升华人格。多种形式的促进也不断激发学生的兴趣，他们的古诗文诵读热情持续高涨，经久不衰。

三、“等闲识得东风面，万紫千红总是春”——学校积极参与各项古诗文诵读社会实践与交流活动

北大附小古诗文诵读活动不仅在校内红红火火地开展，还经常积极走出校门参与社会各界的文化交流与实践活动。

1998 年 9 月，青基会发起和组织了“中华古诗文经典诵读，两岸四地文化交流活动”。北大附小学生与台、港、澳小朋友一起弘扬祖国的优秀传统文化。在 4 天的活动中，两岸四地的小朋友们拜访了国学大师张岱年、阴法鲁和王瑶等知名教授。附小学生在为大师们背诵古诗文、表演节目的同时，还聆听了他们的谆谆教诲。通过诵读古诗文，参观孔庙、国子监、恭王府，游览万里长城等活动，两岸四地的小朋友们不仅增加了相互了解，建立了友谊，而且共同感受到中华文化的博大精深，激发起强烈的民族自豪感和归属感。

1999 年 1 月，北大附小部分同学在北京音乐厅，参加唐宋名篇音乐朗诵会。

1999 年 4 月，我校吕道娜老师带领部分学生参加纪念孔子诞辰 2550 周年的诵读表演。

2000 年 4 月，北大附小 100 多名三年级同学参与了北大百年纪念讲堂“古诗文诵读”活动，获得好评。同年 10 月，附小学生参与希望小学“古诗文诵读手拉手”活动。

2004 年 12 月，我校参加了中国关心下一代工作委员会主办的全国“少年中华唐诗行——中华小诗仙评比活动”。我校经初赛、复赛等阶段，评选出了 15 名学生参加华北赛区的选拔赛。之后又有 5 名同学入围全国决赛。在 2005 年的总决选中，我校三年级汪烁齐同学以年龄最小、年级最低的身份参加了角逐，闯过了“唐诗接龙”“才艺展示”“快速拼诗”和“超级 PK”“唐诗理解”等层层关卡。凭借她对唐诗的熟练程度、理解程度和临场的快速应变能力，最终以 10∶6 的绝对比分战胜了年龄最大的选手，从各大赛区众多优秀选手中脱颖而出，赢得了唯一的“少年中华唐诗行——中华小诗仙”的光荣称号。汪烁齐同学所表现出的综合能力和顽强的拼搏精神反映出了北大附小在古诗文诵读活动中注重培养小学生综合素质方面的实力和水平。

北大附小的古诗文诵读活动还成为了一座桥梁，担当起传播和弘扬中华传统文化的重任。2005 年 7 月，我校 50 余名师生受邀参加了“纪念郑和下西洋 600 周年——中国杰出青少年‘重走郑和路’国际文化交流系列活动”。在新加坡华侨中学举行的盛大联谊活动中，北大附小精彩的古诗文诵读赢得了各界来宾的热烈掌声。在马来西亚马中商城，双方青少年举行了精彩的文艺联欢，我校学生诵读的古诗文，无论是满怀深情的《九月九日忆山东兄弟》，还是慷慨激昂的《少年中国说》都激起了当地华侨的强烈共鸣，有的老人听后流下了激动的热泪。诵读表演受到了马中友协秘书长陈凯希先生的高度赞誉，他说：“600 年前郑和带来了 28 000 名随员首航马六甲，传播了中华文化，促进了民族间的贸易和文化交往，今天迎来了‘小郑和’，同样是弘扬中华文化，促进友谊和发展。特别是你们的古典诗词朗诵，给马来西亚人民留下了极其美好的回忆！”

2007 年 7 月，我校 20 余名同学参加了在香港举办的“四海一家”全球青少年中华文化交流活动，在文化交流过程中，同学们再次在优美的中华古典音乐的伴奏下，为与会的各地代表表演了古诗文诵读，受到了交口称赞。

四、“细雨湿衣看不见，闲花落地听无声”——古诗文诵读与语文教学改革有机结合

“语文新课程标准”明确指出：“语文是最重要的交际工具，是人类文化的重要组成部分，工具性和人文性的统一是语文课程的基本特点。”强调在语文教学过程中，要让学生“认识中华文化的丰厚博大，吸收民族文化智慧”。古代经典诗文作为文化载体，决定了它不同于其他物质工具的特殊性。民族文化的传承、发展和创新，很大程度上依赖于经典诗文。“语文新课程标准”要求背诵一定数量的优秀诗文，其目的就是“弘扬祖国优秀文化”“培育学生热爱祖国语言文字和中华优秀文化的思想情感”，同时使学生受到美的熏陶，并丰富学生的语言积累。站在时代的讲台，手执新教材的语文教师，理应义不容辞地担当起这样的历史使命：充分发挥语文学科实施人文素质教育的特殊功能，让学生通过诵读古诗文名篇体会祖国的山川之美、民俗之美、历史之美、文化之美和传统之美，在祖国灿烂的文化长河中游弋，使中华文化传统得以光大。

通过开展中华经典古诗文的诵读，可以增进学生的语文素养。进一步深化语文课程改革，除了提高课堂教学效率之外，最重要也是最有效的手段就是扩充学生的阅读量。只有学生广读博览，有了丰富海量的语言储备，语文素养的提高才有宽厚的基础。同时这也能激发学生对祖国语言文字和中华优秀文化的热爱，增强民族自豪感和文化自信心，进一步加深对民族精神和优秀传统文化的理解。经典古诗文诵读正是让我们的学生在灵魂深处夯筑起民族文化殿堂的基础，在诵读中亲近中华经典，在亲近中热爱中国文化，在热爱中弘扬中华文明，在弘扬中整合创新，初步形成具有中国特色的社会主义价值观、人生观和世界观。

在经典古诗文诵读活动中，学校以中华经典诗歌诵读为突破口，通过诵、背、书、唱、演、画等形式把中华经典诗文诵读渗透到校园生活之中，渗透

到学科教学与教育科研之中，引领学生感悟生命的意义，积淀丰富的人文素养，塑造健康、文明、智慧、创新的阳光少年。

我们一步步走来，也取得了较为卓越的实验效果。孩子们走进了中华古典诗文，走进了与语文相关的课外读物，走进了具有自我个性的阅读世界。“天行健，君子以自强不息”的中华民族志向，“欲穷千里目，更上一层楼”的博大胸怀，“先天下之忧而忧，后天下之乐而乐”的忧国忧民情怀，“吾将上下而求索”的矢志不渝的探索精神，……民族精神的一切一切，在孩子与诗文的对话之中融入心灵深处，构成生命的一部分。浓郁的书香气息，让学生处处感受到诗文的陶冶；与经典同行，诵千古美文，与圣贤为友，为学生一生的发展奠定了丰厚的人文素养。

五、“问渠那得清如许，为有源头活水来”——学校古诗文教育效果及取得的成绩

“诗可以兴，可以观，可以群，可以怨。”诗的道德教化功能早已为人们所认识。作为教育工作者对青少年思想道德教育的一个重要内容，就是要教育学生做有理想追求的人，有生命精神的人，有高尚品格的人，也就是要把青少年培养成有民族自豪感，有生命感，有诗意情愫的人。北大附小开展的一系列诵读活动，就是把诵读古诗文作为对学生进行思想教育、道德熏陶和人格塑造的过程。比如，背诵《游子吟》就是教育学生爱父母、尊长辈；背诵《明日歌》教育学生珍惜时间，发奋学习；背诵《静夜思》教育学生爱家乡，等等。融亲情、友情、爱国情于古诗文诵读中，能让学生感受风云气、体验悲悯情，抵制消极颓废情绪的侵袭，为学生精神补钙，促进学生生命成长。

有位学生曾讲：“过去我是一个怕困难的孩子，事情还没做，就开始发愁、为难，因此什么事都做不好，爸爸、妈妈、老师都为我着急。在诵读活动中，《为学一首示子侄》深深触动了我，我知道了‘天下事有难易乎？为之，则难者亦易矣；不为，则易者亦难矣。’现在，我对困难不那么惧怕了，因为我知道了‘自胜者强’‘强行者有志’。”

古诗文诵读最大受益者是学生。那一首首工整优美、寓意深刻、振奋精

神、温润生命的诗词，让学生获得极大的精神满足和思想境界的提升，对学生道德、品行、性情、气质产生了耳濡目染、潜移默化的影响，是极见功效的人格熏陶教育。我们能切身感受到诵读好的孩子，表现出的是性格开朗、自信乐观，品格有相当的内化、深化现象，这大概就是"腹有诗书气自华"吧。古诗文诵读的益处还表现在孩子识字量增加得快，写作水平迅速提高。同时我们也注意到了古诗文诵读对提高学生记忆力、专注力都有一定效果。

经典古诗文是中国文化的最好载体，修身、齐家、治国、平天下的道理蕴含其中，是传统的民族精神之所在。那些经过一代又一代生命参与和历史检验了的诗词精品，似空气一样从学生的口中进入大脑，流入血液，渗透到生命深处，让学习的主体在诗品、诗意、诗格、诗韵汇成的大海里遨游，从而实现学习的快慰、成长的欢欣和人生的进取。这些融于诗中的智慧、操守、人生态度以及文学模式等，将成为建立人生信念的永恒资源。春风化雨，润物无声，这是多么扎实有效而立竿见影的教育啊！

从 1996 年开始至今，北大附小古诗文诵读活动从未间断。国学大师季羡林先生、唐代文学研究家程郁缀先生、语言学家林涛先生都先后对附小的古诗文诵读活动给予过高度评价。十多年的努力，使我校诵读活动取得了一定的成绩：

学校全体学生都参加了经典古诗文诵读活动，普及率达 100%。

十年间，学校还有多位同学获得全国"诵读之星"的荣誉称号。2000 年，北大附小四年级学生韩嘉楠和闫晶心被评为全国"诵读之星"。韩嘉楠同学在全国古诗文诵读工程表彰会上代表全国"诵读之星"发言。

每学期学校都有几百名学生被评为"北大附小诵读标兵"和"诵读小诗仙"。

参加各级各类汇报演出活动，表演古诗文诵读节目十余次。每次专场演出中，各年级学生全员参与诵读节目。

2004 年，在全国"少年中华唐诗行——中华小诗仙评比活动"中，我校 15 名同学入选华北赛区的选拔赛，5 名同学入围全国决赛。汪烁齐同学荣获"少年中华唐诗行——中华小诗仙"的光荣称号。同年，我校有近 800 名学生申报“中华古诗文经典诵读工程北京市诵读先进个人”。

我校吕道娜、于涛、潘东辉、刘学慧、苏小娜、江琳、张青、王敏、季岚等多位教师荣获“中华古诗文经典诵读工程北京地区优秀个人”和“全国优秀辅导员”的光荣称号。

学校连年被评为北京市中华古诗文经典诵读工程特色校，全国中华古诗文经典诵读工程优秀校。

…………

“路漫漫其修远兮，吾将上下而求索。”中华古诗文经典诵读工程是青少年的文化工程，也是塑造青少年高尚人格的工程。那千百年来，经过大浪淘沙，流行至今的经史子集、唐诗宋词、格言警句，无不包容万千，意蕴隽永。北大附小古诗文诵读活动十多年的不懈坚持，搞出了特色，取得了成绩，收获了希望。听到孩子们朗朗的诵读，看到孩子们才华的展示，感受到学生整体素质的提高，华夏几千年来传统文化的精髓在这一代孩子们身上得以继承和发扬，这不正是“中华古诗文经典诵读工程”活动开展的初衷吗？今天的孩子们能够站在中华五千年历史文化的基石上面向世界、开创未来，这正是热爱中华民族、热爱民族文化的具体表现。古诗文诵读为学生们展开了一个异彩流光的精彩世界！让他们与经典同行，与圣贤为友，让他们在活动中接受中华文化经典的滋养和熏陶吧。为此，我们将继续努力，义无反顾地肩负起传承中华文明、提升学生人文修养的重任，把“中华古诗文经典诵读工程”更加深入持久地开展下去。

第三节 生命发展课程的整合构建[1]

尊敬的各位领导、各位专家、各位朋友：

大家上午好！

今天，我们十分荣幸地迎来了北京市、海淀区，以及各兄弟学校的专家、领导和同行们，首先，请允许我代表北京大学附属小学对各位的光临表示诚挚的欢迎和衷心的感谢！

我们都知道，课程是学校发展的核心，也是学校发展的原动力。今天我们借助海淀区“课程整合、自主排课”实验校开放活动的机会，与大家一起分享北大附小课程整合、自主排课的相关探索和实践经验。

首先，这一实验让我们回到教育的原点，从学生发展的需求出发，思考学校个性化办学的思路和举措；其次，它让我们回到教育的过程，从学校特色办学的目标出发，形成学校整体课程改革的框架和思路，从而推进学校育人模式系统的改革。这就是我们对市、区政府这一战略性举措的基本认识。

一、为什么整合？——学生成长的需要，学校发展的期待

北京大学附属小学始建于1906年，前身是京师大学堂附属高等小学堂。学校占地面积24 800平方米，百年古树掩映下的名人故居与现代化的教学大楼完美融合的校园风貌铸就了附小独特的育人环境和文化氛围。而北京大学“思想自由、兼容并包”的学术理念造就了附小民主、自由、多元、开放的教育管理风气。北大一直走在中国改革发展的前列，承载着中国文化复兴的历史重任，作为北大的附小，也理应承担教育改革的使命！

---

① 摘编自2014年《课程整合自主排课学校开放活动报告》。

随着社会的进步和教育改革的不断深化，人们对教育的需求也越来越多元化。特别是北大附小面对的家长大多是北大的教授，他们素质很高、见多识广，他们的孩子入学时就并非还是“一张白纸”，而是带着多样化的家庭教育背景和知识积淀走进校园的。这些孩子有着更加敏锐的问题意识，他们对学校的期望值更高。这对老师和学校提出了非常高的要求，就需要我们不断审视学校自身的发展目标、课程设置，在原有课程体系的基础上，真正立足学生发展需求和学校办学实际，为社会和学生的“需要”而改革，为社会和学生的“发展”而改革，进行学校整体育人目标和课程体系的全面创新。

二、怎样整合？——构建课程框架，彰显办学特色

首先，我们听取一线教师和孩子们的意见，在课堂实践中发现真问题。前不久，我们请来北京师范大学裴娣娜教授为我们的课程方案诊断、把脉，裴教授一句话点醒了当时我们在座的所有人：“学校课程方案，其背后带出来的应该是对学校整体办学理念和办学特色的思考。”按照这样的方向，我们不着眼于某一门精品课程的打造，也不着眼于某一门校本课程的再次开发，而是从办学理念开始，逐步进行育人目标的调整、课程门类的整合、课程系统的架构、课程实施的变革。

怎样整合，集中表现为北大附小生命发展课程体系的构建。那么，什么是生命发展课程？

1. 生命发展课程释义

生命发展课程，英文名称“Life Development Curriculum”，简称 L-D 课程。在具体的释义中，我们把 Life 重点加以阐释，它的每一个英文字母 L、I、F、E 分别代表不同的含义：

L——Love（爱）；

I——Inclusion（包容）；

F——Freedom（自由）；

E——Esteem（尊重）。

2. 生命发展课程体系构建的依据

生命发展课程体系是遵循北大附小的办学理念和培养目标来构建的。

办学理念上，受北京大学源远流长的文化熏陶，北大附小几十年来一直重视全人教育，在办学思想中十分重视人的自由和谐、完满发展。近年来，我们在继承发扬北大附小先进教育理念和光荣传统的基础上，紧跟北京大学“建设世界一流名校”的发展目标，提出并确立了北大附小“以人为本，快乐和谐发展”的办学理念。

“以人为本”，指在学校发展的一切工作中，真正摒弃以“管束、利用、改造”为主的管理理念，树立以“尊重、关爱、欣赏、包容、发展”为主的理念，一切从师生的成长、生活需要出发，对人的生命予以尊重，对人的天性予以敬畏；“快乐和谐发展”，是树立全方位育人观，使学生在自由快乐的氛围里学会学习，享受学习，全面发展，富有个性。

培养目标，是进行学校课程整体设计的根本依据。我们的培养目标是：“让每一个孩子都得到独具特色的发展，使之成为幸福的、高素养的中国公民和世界公民。”

我们认为，每一个生命都是独特的，每一个生命的需求都是多种多样的，每一个生命的发展形态都是多姿多彩的。孩子们其实从出生的那一刻起，就已经决定了相互间是有差异的，是带着不同基因诞生到这个世界上的。他们就像一颗颗不同的种子，有可能将来成为一棵大树，也可能就是一棵小草，但无论是参天大树，还是无名小草，他们都应该同样获得尊重。教育的使命就是给予他们适宜的阳光、雨露和沃土，爱和自由的空间，让每一个生命都得到绽放。所谓“幸福”和“高素养”，是指让孩子们养成快乐、进取、儒雅、大气的品质，让他们养成一生学习、生活、工作的乐趣。

《北大附小校园三字经》中提出的“顺其性，驰其想，言儒雅，行端庄。专心学，痛快玩，体健康、心坦荡。涂彩画，学科技，行天下，观万象。少年郎，亦自强，卓不群，合相长”，正是对这一理念的生动诠释。

正是基于以上认识，我们将“多元、开放、立体、自主”作为学校的课程目标，构建了“生命发展课程”，这是一个以学生生命成长为基点的学校课程体系。

3. 生命发展课程的基本架构

依据办学理念和培养目标，我们精心设计了“三层—五类”的北大附小课程结构体系(如图1所示)。

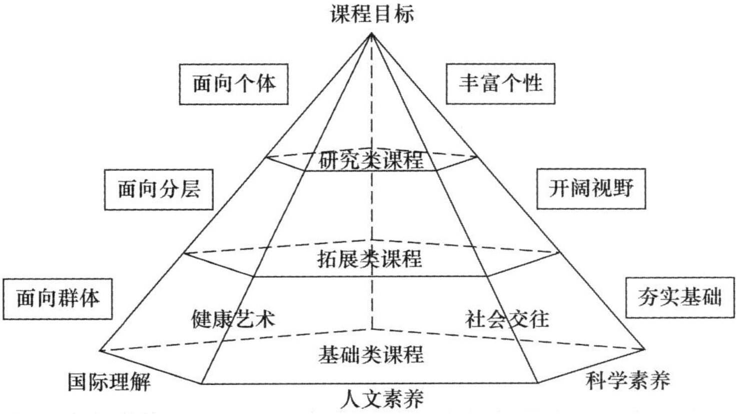

图1　北大附小“三层—五类”课程结构体系图

三个层次分别是：基础类课程、拓展类课程、研究类课程。五个类别分别是：人文素养、科学素养、健康艺术、社会交往、国际理解五大领域。“三层—五类”是针对课程的性质和类别来架构的。三层分别是面向全体、面向部分、面向个体；五类针对的是知识目标的五大领域。我们希望通过这样的多元、开放、立体、自主的课程，让每个孩子体味不同课程带来的不同滋养，给予他们更多的自主选择机会和自由成长空间。

4. 生命发展课程内容结构及学科设置

生命发展课程的内容结构设置(如图2所示)说明了我们在课程内容上的侧重和分布。科目的设置涵盖了目前学校开设的具体课程门类，其中包括我们的特色课程。

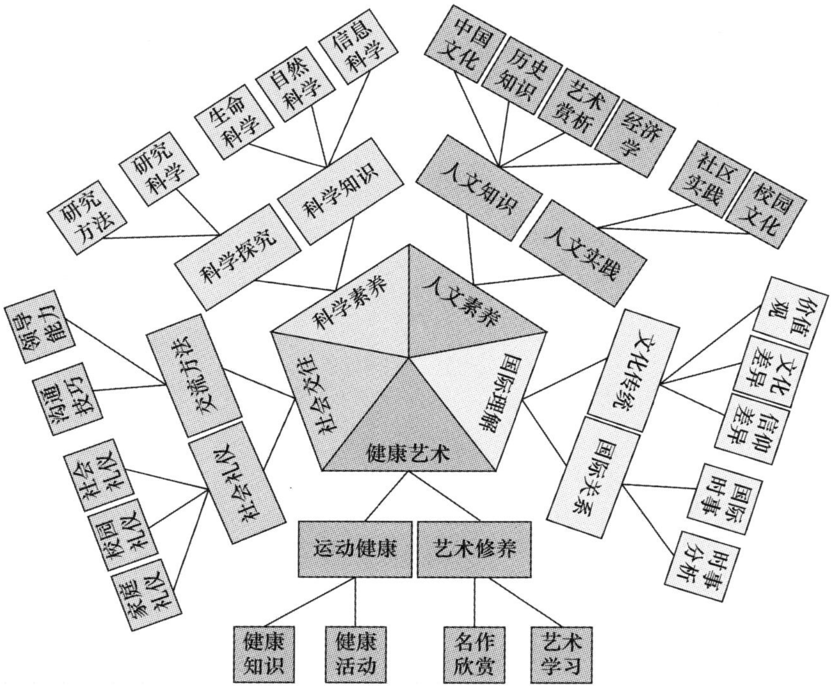

图 2　北大附小生命发展课程内容结构图

5. 生命发展课程体系体现的课程整合特色

在这一体系中，我们尝试了四种形式的课程整合。

① 学科课程门类的整合。我们把广泛开设的学科课程门类融合为五大领域，以大领域设计的思路来勾画学校的整体发展，避免了学科门类庞杂、繁多、各自为政的特点，很好地促进了学校整体教学的优化。

② 学科课程知识的整合。我们利用学科门类之间具有相关性、相似性的特点，在学科课程内进行了以知识为中心的课程整合。如对于数学课，就是把科学探究的观察、测量等过程与平方千米、公顷的认识融合在一起，体现了数学和科学的整合；又如“戏剧英语”课，融合了口语、视听、表演、说唱等，是英语学习与多种舞台艺术学习的整合。

③ 学生生活实践的整合。为了把孩子们精彩纷呈的生活实践变得更有

意义，我们进行了以实践经验为中心的课程整合。如人文素养课“走近蔡元培”，就是根据孩子们深厚的校园文化生活体验而进行的整合；国际理解课“走进新加坡”，是根据孩子们丰富的游学实践经验而进行的整合；“趣味经济学”课程，是根据孩子们丰富的创业实践活动经验而进行的整合。

④ 学生学习方法的整合。我们还进行了以学习方法为中心的整合。如在音乐课上《苏三起解》等剧目的学习中，老师用英文教授京剧；在英语课上，孩子们用平板电脑等信息化设备进行人机互动。

至于如何体现整合，则是要推进教学改革，丰富特色课程。下面我们从具体的课程建设和实施，以及团队的培养等方面来进行介绍。

① 各学段的实施形式。

如图 3 所示，北大附小课程实施结构图分别有三个维度，代表了课程实施的内容、年段和方式。

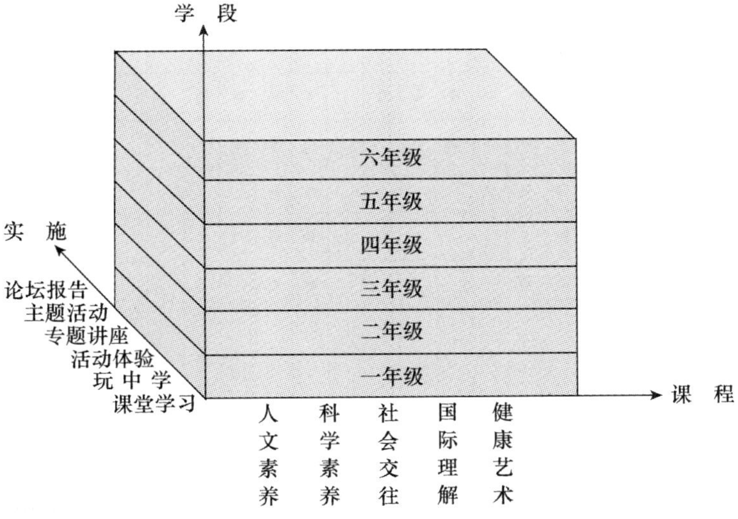

图 3　北大附小课程实施结构图

② 几大类课程的分科设置。

如表 1 所示，北大附小生命发展课程实施表显示了不同的课程、不同的门类在学校整体课程中所占的比重和位置。

表 1　北大附小生命发展课程实施表

课程领域	课程内容	年级						课时安排	实施方式					
		一	二	三	四	五	六		玩中学	活动体验	专题讲座	课堂学习	主题活动	论坛报告
人文素养	语文	●	●	●	●	●	●	每天至少 1 课时				●		
	阅读	●	●	●	●	●	●	每周 1 课时				●		
	书法			●	●	●	●	每周 1 课时				●		
	围棋				●	●	●	每周 1 课时					●	
	中国象棋				●	●	●	每周 1 课时					●	
	国学赏析					●	●	每周 1 课时			●			
	中外简史						●	每 2 周 1 课时		●				
	世界遗产	●	●	●	●	●	●	每学期 1 天	●				●	
	校园文化	●	●	●	●	●	●	每周 1 课时		●				
	走进社区				●	●	●	每 4 周 1 课时			●			
	中国方言					●	●	每学期 2 课时			●			
	共赴青铜盛宴						●	每学年 2 课时			●			
	古代钱币						●	每学年 2 课时			●			
	文字的起源与发展				●	●	●	每学年 2 课时			●			
	金融知识						●	每学期 2 课时			●			
	法律起源及重要性						●	每学年 2 课时			●			
	维护合法权益					●		每学年 2 课时			●			
	激发学习动力,传递正能量						●	每学年 2 课时					●	

续表

课程领域	课程内容	年级						课时安排	实施方式					
		一	二	三	四	五	六		玩中学	活动体验	专题讲座	课堂学习	主题活动	论坛报告
科学素养	科学			●	●	●	●	每周 2 课时				●		
	信息技术			●	●	●	●	每周 1 课时				●		
	数学	●	●	●	●	●	●	每天至少 1 课时				●		
	生活与科技	●	●					每周 1 课时				●		
	环境与可持续发展						●	每 4 周 1 课时				●		
	安全与人民防空教育					●	●	每 4 周 1 课时				●		
	研究性学习					●	●	每周 1 课时				●		
	机器人			●	●	●	●	每周 1 课时				●	●	
	无线电				●	●	●	每周 2 课时					●	
	电子制作			●	●	●	●	每周 2 课时					●	
	动手做模型			●	●	●	●	每周 2 课时					●	
	种植与养殖				●	●	●	每周 2 课时					●	
	趣味实验					●	●	每周 2 课时	●				●	
	天文				●	●	●	每周 2 课时					●	
	模型			●	●	●	●	每周 2 课时					●	
	信息学					●	●	每周 2 课时					●	
	DI				●	●	●	每周 2 课时					●	
	了解生命			●				每学期 2 课时			●			

续表

课程领域	课程内容	年级						课时安排	实施方式					
		一	二	三	四	五	六		玩中学	活动体验	专题讲座	课堂学习	主题活动	论坛报告
科学素养	安全知识	●		●				每学年 2 课时			●			
	了解宇宙				●	●	●	每周 2 课时			●			
	身边的地理	●	●	●	●	●	●	每 4 周 2 课时					●	
	动物世界	●	●	●	●	●	●	每 4 周 2 课时					●	
	身边的植物			●	●	●	●	每 4 周 2 课时	●				●	
	北京的气候				●	●	●	每 4 周 2 课时	●		●			
	环境与健康				●	●	●	每 4 周 2 课时			●			
	陀螺与力学原理						●	每学年 2 课时			●			
	环境与保护					●	●	每学年 2 课时			●			
	中国古代陶器					●	●	每学年 2 课时			●			
	科技发展					●	●	每学年 2 课时			●			
社会交往	品德与社会			●	●	●	●	每周 2 课时				●		
	品德与生活	●	●					每周 2 课时				●		
	社区服务与社会实践活动					●	●	每 4 周 2 课时					●	
	劳动技术					●	●	每 4 周 2 课时					●	
	演讲					●	●	每 4 周 2 课时			●			●
	领导力培养					●	●	每 4 周 2 课时					●	●
	家庭礼仪	●	●	●	●	●	●	每 4 周 2 课时	●	●			●	●

续表

课程领域	课程内容	年级						课时安排	实施方式					
		一	二	三	四	五	六		玩中学	活动体验	专题讲座	课堂学习	主题活动	论坛报告
社会交往	学校礼仪	●	●	●	●	●	●	每 4 周 2 课时	●	●			●	●
	社会礼仪	●	●	●	●	●	●	每 4 周 2 课时	●	●			●	●
	节日礼仪	●	●	●	●	●	●	每 4 周 2 课时	●	●			●	●
	如何交往	●	●	●	●	●	●	每 4 周 2 课时	●	●			●	●
	安全教育	●	●	●	●	●	●	每 4 周 2 课时			●			
	责任感、青春期教育					●	●	每学期 2 课时			●			
	法律为我保驾护航						●	每学年 2 课时			●			
	如何解决冲突					●		每学年 2 课时						●
国际理解	综合实践	●	●	●	●	●	●					●		
	英语	●	●	●	●	●	●		●			●		●
	外国文学作品赏析					●	●	每 4 周 2 课时			●			
	宗教文化与故事						●	每 4 周 2 课时			●			
	国际礼仪文化					●	●	每 4 周 2 课时			●			
	外国饮食文化				●	●	●	每 4 周 2 课时			●			
	新闻与时事分析					●	●	每 4 周 2 课时			●			
	徒步走天下				●	●		每学年 2 课时	●				●	
	镜头里的世界			●	●	●		每学年 2 课时					●	
	世界第一夫人					●		每学年 2 课时			●			
	中国与周边国家的关系						●	每学年 2 课时			●			

续表

课程领域	课程内容	年级						课时安排	实施方式					
		一	二	三	四	五	六		玩中学	活动体验	专题讲座	课堂学习	主题活动	论坛报告
健康艺术	体育	●	●	●	●	●	●	每周 4 课时				●		
	音乐	●	●	●	●	●	●	每周 2 课时				●		
	美术	●	●	●	●	●	●	每周 2 课时				●		
	手工	●	●	●	●	●	●	每周 2 课时				●		
	健康	●	●	●	●	●	●	每 4 周 2 课时				●		
	毒品预防					●		每学年 4 课时				●		
	心理学					●	●	每 4 周 2 课时				●		
	戏剧表演					●	●	每周 2 课时					●	
	舞蹈			●	●	●	●	每周 2 课时					●	
	合唱			●	●	●	●	每周 2 课时					●	
	管乐			●	●	●	●	每周 2 课时					●	
	棒球			●	●	●	●	每周 4 课时					●	
	篮球				●	●	●	每周 4 课时					●	
	乒乓球			●	●	●	●	每周 4 课时					●	
	田径			●	●	●	●	每周 4 课时					●	
	外国音乐作品赏析					●	●	每 4 周 2 课时			●			
	外国美术作品赏析					●	●	每 4 周 2 课时			●			
	外国戏剧作品赏析					●	●	每 4 周 2 课时			●			
	健康知识	●	●	●	●	●	●	每学年 2 课时			●			
	护牙爱牙	●	●	●	●	●	●	每学年 2 课时	●		●			

③ 精品课程的建设。

这里以数学学科的精品课程建设为例。具体举措包括如下三方面。

A. 整合教材，引进调研法。数学团队研究了国内不同版本的教材，并将美国、日本、韩国、新加坡等国家的教材与我们的数学教材进行横向、纵向的对比，重新整合适合学生的教学内容和方法，让学生真正地学习到有趣的数学、有用的数学、有价值的数学。他们还在专家引领下最先将科学的调研法引入到教学设计之中。

B. 尊重问题，关注过程。教师更加关注学生学习的过程，尊重学生学习过程中的问题，并将学生的认知困难看作引领学生探究的宝贵财富，让学生多一些操作的体验，多一些研究的空间，多一些思维碰撞的时间。

C. 综合实践，研究创新。2004 年，数学团队率先带领学生开始了数学综合实践领域的探索和研究，学生自主选择身边感兴趣的数学问题，通过团队合作确定研究课题，设计研究方案，形成研究报告，交流研究成果。孩子们的想象力、创造力、运用数学知识解决问题的能力令北大的教授们惊叹不已！

图 4 展示了数学团队在实践中探索出的操作流程图。

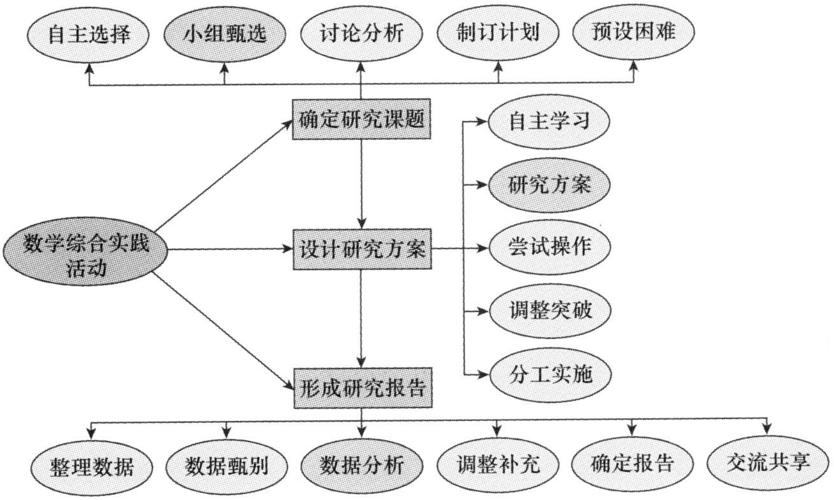

图 4　数学团队在实践中探索出的操作流程图

④ 特色课程的开发。

立足生命发展课程体系的目标和内容，我们进行了丰富的课程开发，教师们课程创新的能力不断增强。目前，北大附小共开设了不同的学科拓展课程、兴趣课程、特色课程共 15 个模块、数十门课程。

不仅如此，我们还充分利用北大的资源，把北大知名教授请进学校为孩子们讲课，给学校课程发展带来了开阔气象。仅 2012 年，我们就请来了近 20 位名师为孩子们开设讲堂，内容有“荷马史诗：特洛伊战争”“班级法律小课堂”“世界第一夫人”“中国与周边国家的关系”“陀螺与力学原理”等，深受孩子们喜爱。

在特色课程建设方面，北大附小一直注重基础性和前瞻性，提供孩子们需要的、有趣的知识。例如“趣味经济学”就是通过游戏、小型拍卖会、模拟经营等方式，让孩子们在学中玩、玩中学，了解相关经济学知识，学会选择和放弃，学会规划自己的未来、管理自己的生活。

“智能机器人”也是我们比较成熟的特色课程。2011 年，我们再次加大了智能机器人课程的广度和深度：在课时上，由原来的常规课时变为现在的 90 分钟大课时；在授课对象上，由原来的三、四年级变为所有年级；在专用教室安排上，由原来单个的机器人活动实验室变成现在两间并驾齐驱的机器人专业教室。

“人文素养”课程是对孩子们进行广泛人文素养教育的课程。内容包括文学、历史、经济、政治、社会、校园文化等。今天开设的校园文化课是以北大人物、北大建筑、北大历史故事为系列编排，以师生互动、北大名家开设讲座等为形式，进行北大精神文化传承和开展校园文化内涵学习的课程。

“国际理解”课程是早在十年前我们就为孩子们开设的丰富的游学课程。目前，已有 2000 多名师生远赴国外进行过学习交流。学生足迹遍布 40 多个国家和地区，了解了不同国家的风土人情，具有了开放的国际视野。

“温室栽培——碰碰植物”以俱乐部活动的方式（组建植物爱好者俱乐部），通过种植体验、观察思考、创新研究、创业实践活动等一系列过程，以带领学生观察研究不同植物的生长为主线，涉及传统种植和无土栽培两种种植方式的体验和比较，其中无土栽培包括水培、基质培、立体栽培等。

“戏剧英语”课程以整体剧目为单元进行安排，通过演讲、自发创造性表演、小型话剧等多个学习模块将学生的语言智能、肢体运动智能、人际交往智能等有机融合在一起，鼓励和激发孩子对学习和生活的热情。

⑤ 教师团队的活力。

课程整合与自主排课激发了教师们的教学智慧，学校教师团队散发出空前的活力。北大附小的教师团队有教育专业的，非教育专业的（包括学经济、新闻、出版、法律的以及专业舞蹈演员等）。近年来，我们从海外引进了留学生，从国内外知名大学引进高端人才，教师的素养越来越高，视野越来越开放。

此外，北大附小每年选派教师到国外交流学习，目前，在国外参加过短期交流访问的教师占全体教师总数的 95%。不仅如此，我们还选派了 2 位教师到美国攻读教育与创业硕士学位，4 位教师到英国进修学习。2013 年，我们又加大了教师国际交流的力度，选送了 10 位教师到印尼金光国际学校跨国支教。今年暑假，我们还把芬兰著名教育家本・富尔曼请到学校，进行了为期 3 天的“儿童快乐技能教养法”讲座。丰富且具前瞻性的交流和培训，在为教师们带来全新的理念和细腻的管理方法的同时，也带来了更加开放的视野和空间，从而使教师跳出教育看教育，跳出中国看世界。

三、取得的成效、困惑和思考

课程整合与自主排课促进了北大附小课程教学体系的整体创新。它的影响不是片面的，而是立体的、深远的，不仅带来了教学理念的变化，也带来了基础课程的改革、特色课程的建设，增强了课程学习的综合性，为孩子们带来了广阔的自主选择机会和空间。

但我知道我们的生命发展课程还属于起步阶段，在实施过程中还有不少的问题。例如，“社会交往”这一领域在社会竞争中显得日益重要了，但如何具体落实，以喜闻乐见的方式教给孩子？怎样丰富课程整合的方式，真正服务于课堂学习，让教学变得更为高效？

课堂教学改革是大势所趋，更是社会发展的需要。我们遇到的问题与困难，其实更是一种挑战、一种机遇。我们相信，有北京市、海淀区领导和专家的关心和支持，有在座老师们的指导和帮助，有全校师生的共同努力，我们的课程改革实验工作一定会越做越好，也更具有实效和成效！

作为校长，我特别希望借此机会，敞开心扉，说一下心里真实的想法和困惑。本来校长的职责和使命应该是情系学生，心系课堂。但是，现在校长被各种各样的会议、发言牵绊，会务缠身，事必躬亲。校长留在学校的时间、倾听课堂的时间、陪伴老师和孩子们的时间大大减少了，这实在是学校课程改革的无奈、学校发展的无奈。

第四节
浅谈校本课程开发的问题与对策

当前，校本课程开发已成为基础教育领域轰轰烈烈的课程创新运动，它反映了学校特色办学的主体性思考。纵观大多数学校的课程改革，很大程度上是以校本课程开发为视角展开的，其课程文化的形成，也就是校本课程体系在学校的规划、设计、实施及评价的过程。

一、校本课程开发中的创新问题

根据国家、地方与校本课程的开发实际，当前校本课程大约只占据学校整体课程体系中10％～12％的比例，因此，学校进行自主课程创新的范围和条件都相当有限。校本课程开发带来的积极意义是毋庸置疑的，它表现在三方面：第一，突出了学校自主课程设计的地位；第二，明确了教师即课程设计者的内涵；第三，进一步彰显了学校的文化特色和办学方向。但是，在具体的操作和实践中，还是有很多问题，亟待我们的探索和思考。

（一）课程创新主体缺失积极性：一个人的战斗

由于校本课程开发的人力物力资源难以保证，导致校本课程开发的实践难度远远超过理论设想中的难度，很多课程仍旧停留在教师个体设想和兴趣创作的萌芽状态，校本课程开发失去了应有的生命力。

学校原本是一个充满智慧的场所。智慧的创生者来源于不同背景、不同兴趣爱好、不同教育观念的老师。在校本课程开发中，很多老师有丰富的设想和创意，也进行了长时间的教育实践，但是难以固化和保持下来。有很多老师的课程开发基本上处于“一个人战斗”的状态。尽管学校对校本课程开发设有相应的奖励制度，但是在实际操作过程中，老师们的校本课程开发工作仍旧是8小时工作之外完成的。对于班主任老师来说，这就更是难上加难了。

校本课程开发的萌芽也许就产生于一个老师瞬间的闪念，但是如何把这个闪念变成科学、规范、严谨、有效的课程开发，这需要校长的发现、鼓励和支持。校本课程开发绝不应该是“一个人的战斗”。

（二）课程资源创新缺乏统整性：资源争夺战

作为学校自主决定的课程体系，校本课程不是三级课程中等同于国家或地方课程的一个单列体系，而应当是三者在学校特色建设中的个性化体现。校本课程实施与创新，最重要的是时间的保障。在我国基础教育阶段，正常的教学任务是非常紧张、繁重的，如果认为校本课程的开发创新活动，需要挤占“正常教学时间”，摆不正三类课程之间的关系，就必然会生发一场费时费力的“资源争夺战”。校本课程虽非正式课程体系，但其开发与创新同样需要统整资源体系建设。

统整资源体系主要应做到这三点：一是整体设计国家、地方与校本课程资源的规划与分配；二是整合学校、家长、社会资源；三是有效利用校长、教师与课程专家等资源。处理好这些矛盾与关系，不仅会科学配置现有资源，而且还会激发创新资源不断涌现。当然，完成这些使命的关键，在于校长课程领导角色的发挥。

（三）课程开发创新形式化：概念上“贴金”

由于校本课程开发能很好地反映学校文化特色，体现学校办学思想和办学理念，因此，很多学校借校本课程“贴金”，并制造很多“概念”生搬硬套，导致校本课程开发的形式化问题严重。

自北京市开展自主排课实验以来，很多学校纷纷行动，开始了自己自主排课的进程。这个项目主要有两方面内容：第一是三级课程的整合；第二是校本课程开发。尽管自主排课是一个很有诱惑力的概念，但是在实践工作中，学校真正能自主排课的空间少之又少。如此，很多学校把希望寄托于校本课程开发。

但是在校本课程开发的实践中，很多校本课程开发完全沦为为学校“贴金”的游戏。在一轮又一轮的实验、汇报、评比中，很多学校耐不住“成果”的缓慢，纷纷要求短时间出炉相应的成果。很多校本课程试验不到一学期，就要求成果遍地、全面铺开、全区展示、全市展示了。这是一个急功近利的心态。不幸的是，现在仍是很多学校都被这种心态俘虏，无法突破，无法超越。

除了借校本课程“贴金”以外，在学校整体课程框架设计中，还有借“概念”炒作的事件。课程改革要求许多学校提炼自己的课程框架和课程特色，在整合三级课程的过程中，很多学校纷纷为自己的课程体系冠之以悦耳的名词，如“幸福课程体系”“绿色课程体系”等，这是非常荒谬的。诚然，学校整体课程框架是学校办学理念的直接反映，但是作为小学阶段来说，其课程内容还是稳定的、有共通性的。如果要用概念表达，一定要审慎推敲，否则，很容易有生搬硬套之嫌，其后果则是直接偏离课改的方向。

二、校本课程开发的创新途径：北大附小的实践经验

校本课程开发是当前学校教育变革中一项有意义的创新实践。毫无疑问，它有效提升了校长的课程领导力和教师的课程创生意识，给予了学校课程创新的空间，赋予了学校文化创新的活力。但是，由于教育实践的复杂性，当前的校本课程开发还存在许多问题，这需要我们在不断的研究和思考中解决，具体的途径有以下几点。

（一）建设学校课程，需要真正尊重学生的需求，尊重孩子的兴趣

北大附小在“趣味经济学”校本课程开发过程中，不少人曾经疑惑，经济学这么高深的内容，小孩子能学吗？会有兴趣吗？能学有所获吗？对此，我们并没有仓促开始，而是对学生需求和兴趣作了调查。调查结果发现，大多数的孩子对经济学是有浓厚兴趣的，只不过，他们感兴趣的并不是枯燥的理论概念，而是生动活泼的日常经济活动和问题。由此，我们对学习内容进行了选择，对学习形式进行了极大程度的创编。为了更好地服务孩子，呵护孩子的学习兴趣，2006年，学校陆续开始送英语好的教师到美国进修教育经济学硕士课程。通过学习，我们发现，发达国家教给孩子的不仅仅是知识、能力、创新精神，更重要的是从小渗透给孩子一些终身受用的东西，比如对生活的热爱，学会选择和放弃，学会辩证地思考问题等。而这些都要有一些鲜

活的载体。基于此，我们把这些内容纳入“趣味经济学”课程中，以对“趣味经济学”校本课程不断地优化和完善。

（二）立足前瞻的视野，围绕核心素养，重点培养学生在未来国际竞争和终身发展中需要的能力和品质

校本课程究竟应选择什么样的内容？在现实的校本课程开发过程中，很多学校基本是“条件主导”型，即有什么样的资源和条件，就生硬灌输学生什么样的课程。这是很不科学的。北大附小力图摒弃这样的思维和视野，在考虑课程设计时，首先立足学生的需要和兴趣，其次立足前瞻的视野，给学生未来发展所需要的核心素养。

如“趣味经济学”就是基于这样的考虑设计的。当前，为了培养具有明智决策力的公民，西方发达国家都在纷纷开设儿童经济学教育。美国是最早把经济学纳入学前、初等和中等教育的国家。在20世纪60年代之前，美国就已产生儿童经济学教育的萌芽。此后，在经济学教育联合会与全美社会科学研究委员会的共同推进下，美国的小学社会科课程，也开始了增设经济学内容的尝试。

（三）建设校本课程，需要校长建立研究型课程文化，形成“课程建设共同体”

自国家进行三级课程管理体制以来，校本课程作为唯一可以由学校自主开发、设计的课程，更大地赋予了教师课程设计的权力，让教师明确了自己在课程发展中的角色和任务。校本课程建设是在校长领导下进行的，但绝不是校长一人就可以包揽、实现的。它需要一个强大的共同体，在这当中，大家凝聚共识，通力合作，共同研究课程、建设课程、发展课程，完成实现校本课程特色化的任务。

那么，在具体的教育实践中，我们如何形成“课程建设共同体”呢？这就需要校长对学校进行长远的课程规划和设计。与此同时，教师对学校共同的课程愿景予以支持、实验、反思和调试，由此形成具体的课程编制方案。在这一过程中，校长和教师是紧密连接的，校长的课程思考来源于老师们的课程创见，老师的课程实践启发了校长的课程领导和革新。可以说，校长和

老师都是紧密关联的“课程建设共同体”。

当然，课程建设共同体也包括学生。学生是课程实施的对象，老师的教学方式、学校的课程方案，只有与学生深度对接，才能形成水乳交融的整体。只有这样的联接，才是真正的团队学习、全程学习、合作学习。

学校“课程建设共同体”并不是一朝一夕就可以形成的。真正的课程建设共同体，需要强大的教育理论思想的注入。历史的实践早已证明，凡是引领先进的课程文化者，如陶行知、苏霍姆林斯基等教育家，都有系统而深厚的教育理论修养。他们是著名的理论家，同时也担任校长多年，能将教育理论与教育实践完整地融合起来，把智慧运用到实践中，领时代之潮，开风气之先。因此，进行校本课程建设，形成强大的课程建设共同体，需要校长重视理论学习，需要全体教师自觉提高自身的理论素养，由此形成共同的合力。

第五章

跳出课堂，跨越学科

第一节 “趣味经济学”课程开发方案[①]

为贯彻全国教育工作会议的精神，全面实施《国家中长期教育改革和发展规划纲要(2010—2020年)》，继续推进和深化国家基础教育课程教材改革实验工作，巩固和推广前期课改实验成果，我校将以全面实施国家级教育体制改革实验项目为契机，以全面提升我校教育质量为目的，以校本课程开发建设为重点，以课题实验推进为策略，全面、科学、有序地推进学校课程改革。现根据《北京市开展基础教育课程教材改革实验方案》及《海淀区开展基础教育课程教材改革试验实施方案》的精神，结合我校教育实际，特制订《小学经济学校本课程的开发与研究方案》，本方案作为《海淀区开展基础教育课程教材改革试验实施方案》的子方案开展相关研究工作。

一、方案目标

学校的办学理念、育人理念是通过相关课程等教育活动的实施来实现的。不同的学校，课程文化的建设一定是有所不同的。从学生个体的发展来说，北大附小坚持“以人为本，快乐和谐发展”的实践理念。在这一理念下我们还提出了学生快乐和谐发展建构模式。

正是基于以上的育人理念和建构模式，北大附小在课程文化建设方面，追求的是科学精神与人文素养的统一。科学精神追求“工具理性”，人文主义追求“价值理性”；科学精神讲求“实证”，人文主义强调“想象力”；科学精神遵从逻辑思考，人文主义重视感性思维；科学精神鼓励质疑一切，人文主义提倡尊重传统……。因此，我们的课程建设整体思路旨在取得两者的统

① 原题《校本课程创新——〈小学经济学校本课程的开发与研究方案〉摘编》。

一与平衡，以期造就科学精神与人文素养和谐共进的高素质的人。毕竟学生的发展才是课程建设与施行的最终目的。因此在规划课程时需要考虑学生身心发展水平、兴趣、爱好以及各方面的协调发展。可以说，学生是整个学校教育的中心，也是学校课程开发建设的根本出发点。“以人为本，快乐和谐发展”是学校的办学理念，也同样是课程开发建设的核心理念。当然，这主要并不是在强调以学生个人为“基点”的发展理念，我们更强调的是学生的“和谐发展”，希望通过相应课程的开展，不仅能提高学生的自身素质，而且为他们的未来发展做准备。经济学校本课程就是在这种理念的指导下开发的。

当今社会经济发展迅速，经济生活日趋复杂，每个人时时都可能面临着各种选择。通过经济学教育，不但可以让人们学习一定的经济知识，而且可以提供一种经济学的思考方式，从而使人们在复杂的经济生活中，更有利于作出明智的决策。对于经济学知识的学习，实践证明，只要采取合适的方式，从儿童时期就可以进行。

在以上对学校课程文化建设的整体认识基础上，我校小学经济学校本课程开发与研究方案的目标是：① 开发一套适合我校中高年级学生的经济学课程及实施和评价方案；② 从小培养学生的经济学意识和思考方式；③ 进一步促进我校教师课程开发能力的发展。

小学经济学校本课程的具体目标是：① 让学生通过各种游戏和实践活动，了解基本的经济学知识和原理；② 尝试培养学生理性地看待社会、思考问题，并做出正确选择的能力；③ 使学生养成积极向上的生活态度，进而能够更好地规划自己的未来，管理自己的生活，使他们充满生活的热情，更加热爱生活。

二、国外小学经济学教育研究现状综述

当一国经济发达之后，其经济学研究也必然随之兴旺，这已多次由历史的经验加以证实，过去曾在全世界执经济学牛耳的英国以及如今的美国就都是很好的例证。

美国是最早把经济学纳入学前、初等和中等教育的国家，它在20世纪60年代之前，就已有了儿童经济学教育的萌芽。而后，在经济学教育联合会与全美社会科学研究委员会的共同推进下，实现了在小学的社会科课程中，将经济学内容以生动有趣的方式呈现给孩子们。从美国社会科、经济学教育相关杂志及译著等相关资料来分析，可以基本理清美国儿童经济学教育的研究现状。

（一）经济学教育（Economic Education）概念的界定

根据国内相关学者的研究，学术界对经济学教育较有代表性的界定如下。

Nourse（1966）认为经济学教育就是经济能力教育，要教导学生解决日常生活中所遇到的种种经济问题。Trujillo（1977）认为经济学教育就是教导学生理解现代经济运行机制，例如金融机构的运作。Schug（1982）认为经济学教育可以帮助年轻人学习如何作经济决策、理解基本经济观念，并且在他们决策时可以运用重要的经济概念。学生学习经济学可以发展他们的批判性思维能力，而且使其成为一个能够作明智决定和作出正确公共决策的公民。

综上可以分析出相关研究人员对经济学教育的界定主要指向了两方面。

第一，它是针对经济学这一学科内容的教育。经济学首先可以被认定为是一门分析决策的科学，学生通过学习一些经济学基本常识、概念等，可以了解周围的日常经济现象，以及经济体制的基本运行方式等。即经济学教育能帮助学习者以一种经济学的独特视角来进行分析决策。

第二，它是公民教育的一部分。就是说，学生学习了相关的经济学知识后，可以具有一定的经济素养，形成一种经济思维，进而能够更好地作出明智的决策，以便日后成为一名具有明智决策力的公民。即经济学教育可以使学生在运用经济视角分析决策的基础上，作出更好的公共决策，成为一名推动社会发展的好公民。

因此，可以说经济学教育就是以经济学知识为载体而进行的公民教育。

（二）美国儿童经济学教育研究的现状

1. 经济学教育目标关注培养国家所需要的有明智决策力的公民

各国开设经济学教育，其目标主要是使公民能够在复杂的经济生活中，通过经济学相关知识的学习，更好地理解经济活动，并能够作出更好的决策。就其对象而言，无论是从公众，还是"纯"经济参与者的角度，都是培养了推动国家经济发展的好公民。对于经济学教育的目标是要培养国家所需的公民，学者们更是从微观层面更具体地论述了经济学教育的目的主要不是培养企业家、经济学家，而是培养具有经济素养的、能够以经济视角看问题的有明智决策能力的公民。如美国的Schug(1982)指出，经济学教育的目的一方面是帮助学习者了解基本经济概念，另一方面是让他们通过经济知识的学习，发展批判的知识和技能，以成为一个能作明智决定和促成正确公共决策的公民。

2. 将经济学内容融入综合课程

由于发生在学生身边的经济活动、经济现象都是日常生活中的，再加上经济学内容本身具有严密的学科逻辑系统，因此把适合小学生学习的经济学内容融入到与学生生活密切相关的课程中就成了各国经济学教育的首选方式。在美国小学阶段，社会科承担着经济学教育的重担，这在1994年的《美国国家社会科课程标准：卓越的期望》中有明确的定义："社会科是旨在提升公民能力而进行的社会、人文科学的综合课程。在学校各门课程中，社会科整合人类学、考古学、经济学、地理、历史、法律、哲学、政治科学、心理学、宗教和社会学等学科的内容，并从人文科学、数学和自然科学中选取了恰当的内容，为学生提供相互联系、而又系统的学习机会。社会科的首要目标是帮助年轻一代提高能力，以使他们作为多元文化、民主社会的公民，能够在这个相互依存的世界中，为公众利益作出明智的、理性的决定。"[①]作为一门融合了自然学科、人文学科的综合学科，其发展已有50多年，其经济学

---

① 美国国家社会科协会，研制.美国国家社会科课程标准：卓越的期望[M].高峡，杨莉娟，宋时春，译.北京：教育科学出版社，2008：1.

内容已经与其他内容很好地融合了，并且其自身也有着很严密的知识体系。

3. 课程内容关注经济学基本概念

在小学阶段学习经济学的相关内容，并不是要学生直接就清楚经济是如何运行、国家是如何宏观控制经济运行等这些高深的经济学知识。经济教育学者、社会科工作者等经过多年研究、筛选出适合小学生学习的最基本的经济学知识，也即寓于经济原理中的最基本的经济学概念。作为开展儿童经济学教育最早也最成熟的美国，到目前，对于小学生应该学的经济学内容即基本概念至少有两个版本。一个是1977年对社会科中经济学教育内容融合的研究。考尔德伍德和桑德斯在1977年出版的《经济学讲授大纲：基本概念》(*A Framework for Teaching Economics*：*Basic Concepts*)中提出了25个经济学概念。这些经济学概念包括四类：经济基本问题、经济系统、微观经济学、宏观经济学。另一个是由美国经济学教育委员会(National Council on Economic Education，简称NCEE，是由JCEE发展而来)在1995年出版的《讲授基本经济学概念大纲：范围和顺序指导，K-12》(*A Framework for Teaching Basic Economic Concepts*：*With Scope and Sequence Guidelines*，*K-12*)，将从幼儿园到12年级所学的所有基本经济学概念一一列举，以此作为教师进行经济学教学的参考。NCEE还出版了大量的教学参考书，并在其网站上公布了从幼儿园到高中各阶段的课程资源，供全美国中小学教师、家长和学生参考。各州根据实际情况来选择经济学教育的内容。

4. 教学方法注重以故事和活动为依托

随着儿童经济学教育的发展，儿童经济学教育工作者也积累了大量的教学经验。美国研究人员开发出了"以儿童文学作品教授经济学""教室里的迷你经济活动""橡皮泥经济学"等多种生动有趣的教学方法。其中文学作品以其生动性吸引学生，而且高质量的故事中包含的经济学内容更接近学生所生活的现实世界。而活动教学，如"迷你经济活动"更是帮助教师以一种有趣的方式教学，而且这种方式更容易进入现实的环境中，使学生可以直接进行模拟经济活动。这种以故事、活动为依托的教学活动，可以让学生更有兴趣参加经济学知识的学习。

从上面的分析中可以看出，国外尤其是美国，儿童经济学教育已有50多年的历史，无论目标、内容、方法等都已形成了一整套系统的理论。而我国目前对儿童经济学教育理论的研究还很匮乏，不仅小学课程中经济学内容很少，缺乏系统性，而且教学研究匮乏，但是已有很多研究人员意识到我国小学经济学教育的缺失。虽然我国儿童经济学教育的研究起步较晚，各方面的水平要想达到美国的程度不是短时之功，但只要努力，我国儿童经济学教育就一定能取得成功。

三、我校进行此方案实验的基础

在与国外学校的国际交流中，我们发现发达国家教给孩子的不仅仅是知识、能力、创新精神，更重要的是从小渗透给孩子一些终身受用的东西，比如对生活的热爱，学会选择和放弃，学会辩证地思考问题等。在课程开发过程中，北大附小坚持尊重学生多样化的学习需求，同时为他们将来走向社会奠定坚实的基础。2006年，学校陆续开始送英语水平较好的老师利用寒暑假的时间到美国进修教育经济学硕士课程，目前①，我校高晨老师已经取得美国特拉华大学(University of Delaware)教育经济学硕士学位，刘佳老师正在学习中。

另一方面，由于我校生源多为北京大学子弟、高知家庭子女，学生视野开阔，对经济社会发展、前沿科学知识有一定探究的欲望。学校领导高瞻远瞩，决定以经济学校本课程为载体，引导学生关注社会发展。在这一课程的初步开发过程中，我们注意综合利用了北京大学、北大附小师生和学生家长等各类资源。2007年，由校长助理高晨牵头，学校第一个经济学小组——“经济学联盟”成立，当时包括3名本校教师、1名大学教师和15名对经济学有着浓厚兴趣的孩子们。

经过将近4年的探索与实践，我们已经有三届将近80个孩子从经济学

① 就本文写作时间而言(编者注)。

联盟毕业。在这几年间，他们在教师的引领下，积累了不少经济学常识，如“稀缺”“机会成本”“供给和需求”“人力资源”“货币的特征及作用”“通货膨胀”……。教师们用最生动有趣的游戏、戏剧、故事、参观、讲座等不同形式让孩子们了解了经济学常识，并将这些知识应用到日常生活，并与其他课程知识进行学科融合。

有了这些前期的初步实践和探索，以本次课程教材改革实验为契机，使得进一步完善本课程的实施和评价方案有了基础和保障。

四、项目实验内容

我们将从实际出发，以学生发展需要为基础开发校本课程，注重学校教育目标与特色发展的独特性。同时，采取目标与动态相结合的开发模式，形成了“兴趣小组活动”和“纳入课堂教学”两种形式。前者的评价方式可以随着活动开展而有所改变，而后者则有明确的教学目标和严格的评价体系，但评价方式灵活多样，两者相互区别又相互联系。

（一）形成以如下框架目录为基础的校本课程教材

第一章 微观经济学

一、稀缺和选择

二、机会成本

三、成本和利润

四、自由贸易创造财富

五、供给和需求

六、人力资源

第二章 宏观经济学

一、GDP

二、货币的故事

◆ 什么是钱

◆ 钱的特征

三、通货膨胀

四、外汇

第三章　创业实践活动

一、创办你自己的企业

二、现实创业实践

三、拍卖活动

四、跳蚤市场

（二）形成课程学习和实践活动两套评价指标体系

小学经济学课程的三章课程内容，前两章为课程学习内容，目标是完成对经济学中的一些基本概念的学习和理解，第三章则为实践活动内容，注重在实践中理解和运用所学知识。

1. 课程学习评价指标体系

内容—学习内容—态度与能力—互评、师评—课后作业—语言表达—沟通合作—其他—指标

2. 实践活动评价指标体系

内容—活动内容—态度与能力—商业计划书—语言表达—沟通合作—实践能力—指标

（三）积累一批学生成长的个案及分析

在前期的初步探索中，通过经济学课程的学习，我们发现，教师和学生渐渐学会了思考社会现象，也学会了更好地与别人沟通合作。在日常生活中遇到问题时，大家自然而然地会用学过的经济学常识来解决。例如，当有的学生家长对“是开车去批发市场买文具还是在学校门口的小卖部买文具”产生犹豫时，小组里的孩子就会将“开车要花油钱”“时间成本”等隐性成本计算在内，并以此说服家长在学校门口小卖部买。在学习完通货膨胀以后，孩子们就可以自己解释当时在津巴布韦发生的是恶性通货膨胀……

积累这些学生的成长个案，并进行分析，可以对经济学课程教学实施效果进行及时总结和有针对性的调整。

五、方案实验周期进度和保障措施

（一）方案实验周期进度

自2010年10月开始至2013年10月结束，实验周期为3年。

1. 学习启动阶段（2010年9月—11月）

成立学校领导小组和专家指导组；

组织学习领会北京市实验方案、海淀区实验方案精神，完善我校子方案；

实验方案报区教科所审批后正式启动。

2. 方案实施阶段（2010年11月—2013年6月）

（1）初期（2010年11月—2011年2月）。

讨论确定实验方案，明确方案负责人和相应职责；

在市区教科所指导下制定相关制度和工作计划；

在市、区专家指导组的指导下，完善实验方案，开展实验。

（2）中期（2011年3月—2012年12月）。

按实验方案及年度计划开展实验工作，接受区领导小组和专家组定期对实验过程的指导；

2012年底，进行实验中期工作总结交流。

（3）后期（2012年12月—2013年6月）。

按专家评估意见对实验工作进行调整，收集整理实验资料。

3. 方案总结阶段（2013年7月—10月）

针对实验目标进行全面总结，完善实验成果整理，完成实验报告。

（二）方案实施保障措施

（1）提高认识，加强领导，确保各项工作具体落实。

（2）提供相关专项经费支持。

（3）积极开展教师培训，保证新课程理念的落实。

（4）充分利用北京大学校内外多方资源。

第二节 多学科教学实践创新①

一、校长开场发言

学校要发展必须要胸怀天下，要有远虑，要有顶层设计。包括我们的课程，老师们可能不太理解，可能觉得这课程是什么啊，花里胡哨的，各种框架图给老师搞晕了。就像你们今天看到李颖、小魏他们选择科学、英语等各个学科，我们就是要为孩子们打开一扇一扇的窗，每个人选择的不一样。孩子们不可能都选科学，像李颖那种“科学小子”式的孩子不会太多的，经济学小组的孩子也不多，艺术团的孩子也不多。但是这2000多个孩子他应该找到适合的，将来我适合数学、适合天文、适合地理、适合历史，总有适合他的那一款。老师们，咱们要做的是启发孩子主动地探究，这个是非常重要的。平日里看到老师们在努力发现孩子，跟孩子共同成长，刚才我也在想我们管理团队，也要努力发现老师们、欣赏老师们，跟老师们共同成长，这才是形成一个良性的循环。

二、博雅语文课程的创新构建

在北大附小构建学校生命发展课程体系的过程当中，语文团队提出并尝试构建了“润泽心灵的‘博雅语文’”课程，以下将从四个方面作具体的介绍，它们分别是博雅语文课程的溯源、内涵、架构以及实施内容。

（一）博雅语文课程的溯源和内涵

“博雅”一词在中国古老的文献《广雅》中出现，而在我们北京大学著名

① 摘编自2014年学科教学全体交流会会议记录。

景点“一塔湖图”当中的博雅塔，象征着思想自由、卓尔超群、特立独行、科学求真、敢于创新的博雅文化。而作为北京大学的附属小学，在北大文化的耳濡目染之下，我们将培养儒雅的北大少年作为北大附小的育人目标之一。

我们再来看看“博雅语文”的内涵，我们的博雅语文目的在于培养学生博览、善思、雅言、恭行。博览指博览群书，胸怀宽博；善思指善于思辨，独立思考；雅言指乐于表达，谈吐文雅；而恭行指行止有度，谦和乐处。那么在这里的“博”，关注的是吸收和接纳，是兼容并包，大气磅礴；而“雅”则是内化后的展现，是温文尔雅，是身心和谐。

（二）博雅语文课程的架构

博雅语文课程依托这样的理论支撑：首先我们重新审视了语文教育在历史传承与未来文化的平衡中所应起的作用；其次，我们从母语、儿童、文化、生活等维度，重新构建了博雅语文；最后，我们尝试着把握语文学科的发展专项，从工具论转到发展论。由此可见，博雅语文不仅关注学习语言本身，而且关注语言背后的文化，特别是更加关注学习语言的人，关注个体生命的文化生存环境与活动方式。

我们的博雅语文课程体系，由资源整合、方法论、学科群以及特色呈现四个方面组成。我们尝试运用整合的方式，立足于母语、儿童、文化、生活的视点以及尊重、等待、宽容、欣赏的态度，运用体验、感悟、反思的方法搭建了适合不同学生个体需求的多元化的基础类、拓展类以及研究类学科群。博雅语文课程体系形成了平实自然的风格、平等自由的风范、思考探究的风尚和鲜活灵动的风韵。

以上介绍的是我们的课程体系纲要，那么下面就学科群的内容作具体的汇报。根据博雅语文课程体系树形图（如图1所示），我们认为差异性是儿童作为个体生命的鲜明特点，让儿童健康成长的前提便是对差异性的正视与尊重。基于这样的认识，博雅语文课程体系设计了三个层次的课程，力求通过这些课程的设置让学生达到听、读等方面的“博吸收”，以及说、写等方面的“雅呈现”，在知识与技能、协作与交际、文化与思维等层面有一个整体的提升，同时获得个性化的发展，让语文素养得到明显的提升。

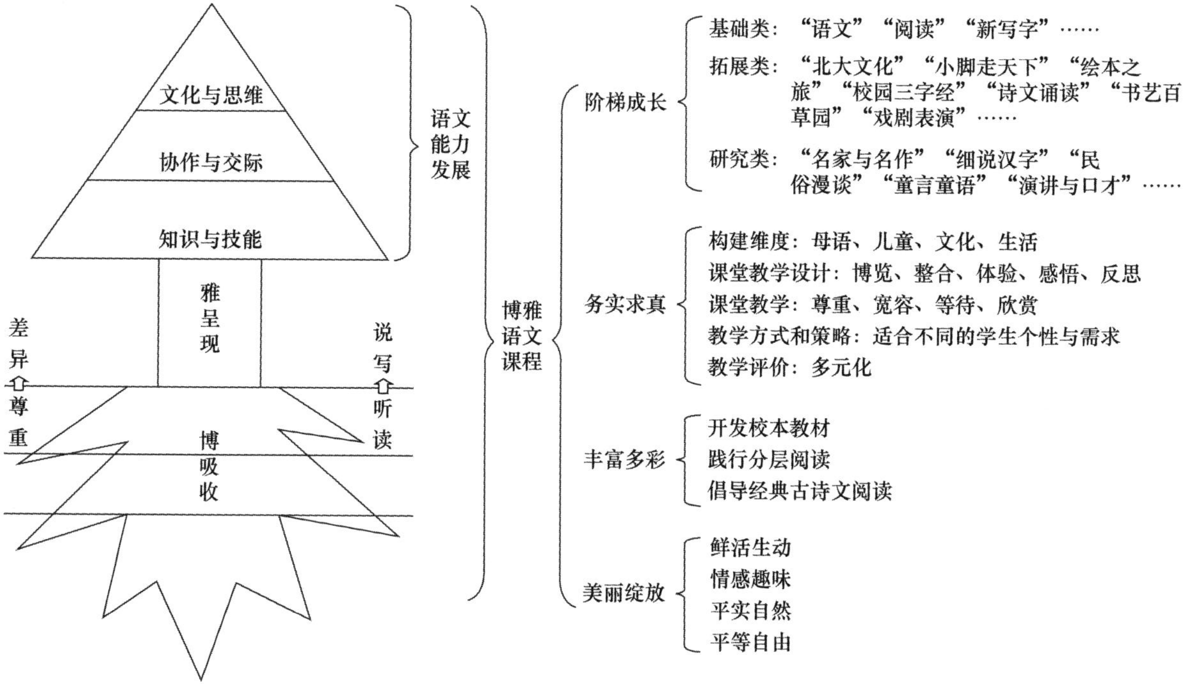

图1　博雅语文课程体系树形图

1. 面向全体学生的基础类课程

我们编写的语文教材，如现在低年级、中年级、高年级各个年段正在进行的“同心阅读”教材，和由王雄军老师主编的《新写字》等，旨在帮助学生形成最基本的语文素养。在这一类的课程当中，我们根据学生的年段特点，对整体的课程需求进行了重新思考、实践与再创新。我们以人教版语文教材第十册为例，就是上个学期王敏老师这一组，在五年级第二学期进行了一系列的关于国家级基础类课程的改革和实践。我们重点思考和尝试了对教材中的课文进行重新的整合。我们先要找到一条主线，无论是历史线，还是地理线或者是其他的线索，能清晰地指出某一篇课程在线上的位置，这是希望给各篇课文以一个整体的串联，避免对课文印象散落四处的学习结果，也是希望学生能感受到万事万物是有联系的，要有一颗不断探索的心，从而能不断地发现惊喜。我们还根据每单元的内容给学生推荐了课前阅读的文章或书籍，设计了一个和单元主题相关的活动，有简单的操作说明。那么对于人教版语文第十册，经过思考，老师们将一、六、八这三个单元进行了重新的整合，因为这三个单元全部都和风情、文化有关：第一单元是我们的国内文化风情，第六、第八单元是和国外文化风情有关。老师们带领学生在对比当中领略中外文化风情的不同，并要求学生选择自己喜欢的内容整理资料，撰写研究报告。接着我们将二、四单元进行了整合，因为这两个单元是和读书紧密相关的，尤其是拓展类的文学书籍。教师与学生共读一本书，用讨论式的学习方法，深化理解，并教给孩子如何写读后感。接着我们将三、五、七三个单元重新整合，因为这三个单元非常适合孩子们进行课本剧等一些戏剧的表演。孩子们用表演戏剧的形式，再次感悟文本内容和语言所带来的魅力。

2. 面向一定层次学生的拓展类课程

我们的“校园三字经”“北大文化”“小脚走天下”等课程，旨在开拓视野、拓展知识面。以《校园三字经》为例，大家都知道这是咱们北大附小教师的原创作品，在这琅琅上口的歌谣里蕴涵了丰富的信息，我们将它以课程的形式呈现。“校园三字经”课程主要是由二年级的江琳老师带头做起来的。我们以课程的形式呈现的同时，通过“回顾校园历史文化”“讲述先进学校教育理念”“体验快乐校园学习生活”“欣赏美丽校园景观”这四个专题板块的实践活动，引导学生了解学校的历史文化、教育理念、办学思想以及育人目标。

3. 面向个体需求的研究类课程

比如“细说汉字”“民俗漫谈”“戏剧表演”等课程，目的是满足学生的个体求知需求。以“细说汉字”为例，这是贾宁老师在他的课堂实践当中，为我们大家呈现出来的课例。基于前期的调查及平时的教学经验，我们发现相当一部分的学生，对汉字有着浓厚的兴趣，表现出了强烈的探究的欲望，于是贾宁设计了“细说汉字”课程，面向低、中、高三个学段的学生开设，比如说在低学段“有趣的汉字”这个课程当中，共开设了十个主题板块的实践活动，学生通过查阅资料、访谈、参观、讲述、合作撰写研究报告等方式感受汉字的魅力。

（三）博雅语文课程的实施

我们尝试的基本思路是，聚焦教学目标、关注提高学生的语言素养，重构教学的内容，关注反思、继承与创新，转变学生学习方式，关注思考探究与实践，倡导及时评价，关注学生的个性发展。我们认为语文的教与学，不仅是一个传递知识，形成基本听说读写能力的过程，更是一个建构精神世界，完善生命的过程。我们一直以丰富多样的自身特色作为课程的生长点，以相互欣赏的交流方式作为课程的碰撞点，以兼容并包的探究模式作为课程的融合点，以勇于试错的执着追求作为课程的发展点。以“博”教学，以“雅”育人，努力成长为思想自由、人格独立的教师共同体。

三、数学学科创新实践

这个汇报一方面是对前一段研究的一个提炼，另一方面也有对后一段工作的一些思考，有些可能还在进行当中，所以，也希望咱们的老师聚焦一些想法。现就五个方面与大家进行交流，即课程建构的背景、主题与内涵、内容与设计、资源建设、思考与展望。

（一）数学课程建构的背景

关爱、尊重、发展是学校的办学理念。从学生的成长和生活需要出发，我们建构了研数思形、启智通慧、关注生长的数学课程，尊重个性的教学传统，做追求学生个性发展的数学教育。尊重、宽容、等待、欣赏，一直是我们教学团队秉承的优良传统，即用尊重给孩子生长的机会，用宽容给孩子生长的空间，用等待给孩子生长的时间，用欣赏给孩子生长的营养。

在课程改革的时代呼唤之下，新的课程标准在以下四个方面发生了重大的转变：教育理念由知识为本转变为育人为本，课程目标由双级转变为四级，内容传授的方法由结果性转变为结果性加过程性，评价目标与方法由单一转变为多元。这对数学教育提出了更高的要求。我们的老师力求推动通过数学认识教育，通过教育认识孩子，通过孩子认识生命，这也为我们课程的发展搭建了很好的平台，正符合关注生长的数学课程理念。

（二）数学课程主题与内涵

上升的DNA双螺旋图形象征着生生不息的精神和孕育创新的生命力，在我们数学教育中也有两条生命螺旋，那就是数学课程的发展和儿童的发展。数学课程的发展重在知识，儿童的发展重在彰显人的生命力。我们希望二者融合而成的数学课程就像两条生命螺旋一样，不断地上升，生生不息。以生长为主题的数学课程体系，致力于培养具有理性思维、应用意识和创新能力的人。为了实现这样的育人目标，我们以丰富的数学活动为依托，通过基础类课程、思维类课程、实践类课程的建构，多元立体地建构我们的课程体系。“整体把握”是我们在研究中坚持使用的理论基础，也是我们的课程特色。我们从整体把握的角度看待数学教育，整体把握数学的知识，整体把握关于学生的研究和整体把握学生的发展。课上丰富多样、妙趣横生的操作活动，为学生创设了有效的学习平台，体现出北大附小在玩中学的教学理念。课余好玩的游戏，丰富的数学阅读，研究性的数学综合实践活动，让学生在解决身边感兴趣的数学问题的同时，体验数学学习的快乐。我们在关注知识、技能、方法的培养的同时更加看重好奇心、想象力、信念、坚持、梦想、快乐，等等元素。我们不仅关注学生数学学习所要求具备的基本能力，同时，我们更关注孩子保持其内在动力的基本素养。

（三）数学课程内容与设计

如图2所示，数学课程内容框架图展现了我们整体课程的建构，对于基础类课程我们选择了“新思维小学数学”的教材，在关注基本知识技能的同时，关注对学生思维能力的渗透，而数学故事与数学欣赏的引入，目的在于提高学生的数学素养。对于思维类课程，我们遵循儿童的学习特点以及思维发展的规律，以我们数学团队自主研发的咨询教材为载体，通过探究活动为学生积累丰富的研究方法与策略，渗透数学思想。其中，“数学游戏”课程让学生在玩中学，并在游戏中探索背后的数学；“规律探索”“归纳与猜想”这一类课程侧重让孩子在探索与猜想的过程中，积累数学的方法与策略；“分类与命名”“数与形”这一类课程有助于激发学生思维的火花，形成数学的思想，引发学生有意识的数学思考。实践类的课程，是基于学生的经验，密切联系生活实际，体现对知识综合应用的学习活动，强调学生活动过程的亲历参与和体验。孩子们从生活中提炼或抽象出数学问题，再将数学应用到生活中，体现了数学与生活之间的联系。在实践中我们以丰富多彩的数学活动为载体进行课程建构和实施。问题意识和活动经验的内容贯穿一至六年级，使学生多次感受不断的提升，随着学生年级的增高，知识的积累，实践体验的维度也会不断地拓展。对于六年级的学生来说，我们主要开展以小课题研究为主的综合实践活动。六年级的实践活动我们从2004年就开始实践，并且取得了一定的阶段性成果，包括教师团队对活动的总结和学生作品等。

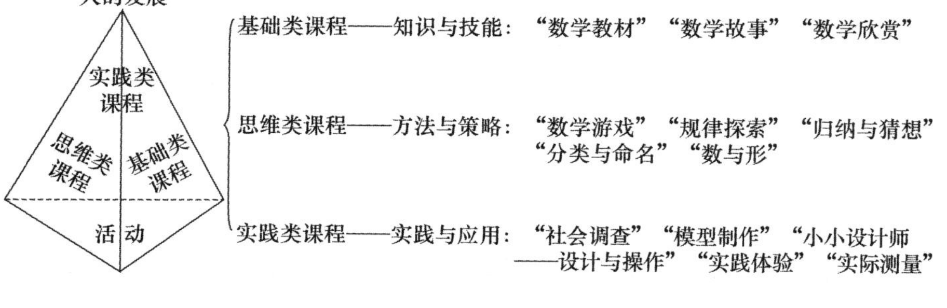

图2 数学课程内容框架图

当然，这个课程的研究还在进行当中，也存在着很多需要进一步探究的问题。实践类课程的实施让学生经历发现问题、提出问题、分析问题、解决问题、合作与交流、评价与反思这一解决问题的全过程，而这些恰恰是学生在面对社会挑战时所必须要经历和面对的。

（四）学科资源建设

一方面我们自主研发校本教材，包括思维训练类课程、综合实践类课程等，另一方面我们注重资源库的建设。建设资源库主要是为教师的教学活动和学生的学习活动提供坚实的保障。团队的建设方面我们注重教师的培训，尊重教师的个性发展。

（五）思考与展望

从课程实践中探索出的课程体系，还有待课程理论的科学论证。我们还要继续思考课程评价如何在各种价值取向间取得平衡，形成课程评价和课程发展之间的良性循环。在课程的建构中，我们希望学生在玩中学，能玩、会玩、善玩，希望学生在丰富的数学博览中汲取数学文化的滋养。通过我们的课程，希望能够让孩子们感受思维的魅力、数学的魅力，同时还希望我们的数学学习能给孩子们带来心灵的感动。

四、英语学科课程创新实践

下面就英语学科课程的主题内涵、内容体系、实施特色以及实施效果四个方面向大家汇报我们英语学科课程构建和实施的整体情况。

（一）英语学科课程的主题内涵

随着英语教学改革的不断推进，英语学科的发展在取得了较多可喜成果的同时，依然面临着较大的挑战，主要表现为缺乏语言环境、母语和目的语思维转换困难、东西方文化差异对语言理解的影响等，而这也是英语教学效率偏低的主要原因。就我校而言，高素质、高期待的家长群体，起点高、思维活的学生群体对我们的英语教学也是巨大的挑战。基于此，英语团队从总体课程建设入手，不断挖掘自身的经验，丰富教学资源和途径，构建了立体式的学玩合一的英语学科课程框架体系——“卓·悦英语”课程。

“学”与“玩”是小学生在校期间的两大永恒主题，将这二者有机地融合在一起，达到学即是玩、玩亦是学的境界，是我校“卓·悦英语”课程构建的出发点。“卓·悦英语”课程是一门面向全体学生、关注基础、强调实践和参与的核心课程。课程的基本目标是养成扎实的英语知识技能，广泛的协作交际能力，和敏锐的文化理解意识。课程涵盖三个维度，分别是知识与技能、协作与交际、文化与思维。我们强调打好知识和技能基础，在语境中实践并发展交际能力，养成主动用英语思维和解决问题的意识与习惯，让每一个孩子在六年的英语学习过程中充分享受英语学习带来的愉悦，做最好的自己、最卓越的自己。

（二）英语学科课程的内容体系

课程分为三类：基础类（“乐学英语”课程），拓展类（“乐读趣演”课程），研究类（“卓越发展”课程）。基础类面向全体学生，课程内容以“朗文新派”英语教材为主题。拓展类面向各年段群体，课程内容以分年段的英语阅读课和英语戏剧课为主题。其中英语戏剧课从澳大利亚戏剧学院引进，由外籍教师执教，而阅读课以随堂阅读和独立阅读课的形式在各年级分别展开。比如，一、二年级以阅读教材迷你故事为主，辅以“培生儿童系列读物”预备级至二级，每学期阅读不少于15本书；三年级使用“攀登英语阅读”，辅助语音教学，再辅以“培生儿童系列读物”三级，每学期阅读不少于20本书；四、五、六年级的阅读教学内容也有相应的设计。研究类课程面向有特殊需求的个体，课程的设计以国际视野为立足点，包含了留学预备课、小语种课、双语校园文化课、迷你联合国课等。

（三）英语学科课程的实施特色

1. 大输入

足够的输入量是学好语言的关键因素。对于基础类“乐学英语”课程，我们大胆选择了经典、地道、输入量偏大的“朗文新派”英语教材。而在拓展类的英语阅读课中，选取了与学习内容相关且符合学生心智发展水平的课外读物，涵盖“培生儿童系列读物”“典范英语”“攀登英语”“书虫”“体验英语”“丽声英语故事会”，以及个别学生需求的原版小说等近500本读物，而在英语阅读教室中为学生准备了国内外出版发行的儿童英语读物和原版小说近2000本。

2. 重语境

语境中的语言才有生命力，“乐学英语”课程以话题为中心，每个话题都在语境中呈现和联系。教师会根据教学内容来设计和布置相应的教学情境，例如老师在教授“问路与指路”话题时将教室布置成街道的情境。当然，我们也知道故事和文本中呈现的语境最真实最自然。因此，一至六年级的每节课中都有阅读的环节，无论是教师讲故事，学生自由阅读，还是SSR（Sutained Silent Reading，持续静默阅读）和分级阅读实验，我们都希望在故事和文本的语境中引导学生接触、理解语言。

3. 多策略

学语言也是学方法、学策略。课程实施以来，我们从教学实践中逐渐提炼、概括出了一些适合我校学生英语学习的策略，如语言分段调控策略、词汇意义链接策略、阅读的思维导图策略，等等。

4. 拓思维

语言与思维相互依存、共同发展。以阅读教学为例，在故事类教学中，以学生的观察预测来推进故事进程，在故事结束后，又引导学生就故事及人物展开评论；在非故事类阅读中，引导学生通过思维导图和表格等形式，来分析梳理文本脉络。这样的一些活动设计旨在培养学生的开放性思维和批判性思维。

5. 融文化

语言是文化的载体，跨文化是外语教学的主要特点，同时也是难点。了解文化背景和文化差异有利于学生更好地理解语言。每到西方节日，比如万圣节、圣诞节等，老师都会布置出节日的气氛，在活动中帮助学生了解和感受节日的文化。而我们研究类课程的小语种课、留学预备课、迷你联合国课（学生扮演各成员国的发言人，就相关话题展开辩论）等活动都能从不同角度帮助学生了解不同国家的文化。

（四）英语学科课程的实施效果

英语学科课程从实施以来取得了初步的效果。课程的构建和实施离不开教师，我们认为教师团队是课程构建的关键和必要的保障。我校现有英语教师 15 人，其中，硕士研究生 6 人，1 位教师有 7 年的海外留学经历，1 位教师是国家专业二级翻译，有 4 位教师曾在英国雷丁大学留学，每位教师都曾出国访问。老师们这样的学习和工作的经历，不仅确保了过硬的专业技能，也让他们能有更前沿的视野来把握语言的本质和规律，奠定了课程构建的基础。从业务能力看，团队中现有北京市学科带头人 1 人，北京市骨干教师 2 人，海淀区学科带头人和骨干教师 4 人，他们的英语教学经验和对英语教学独到的理解是课程构建的核心资源。而团队中的每一位教师都各有所长，富有个性，他们自身的优势也为不断地丰富课程提供了有力的保障。

五、校长总结发言

老师们刚才看了 14 节附小课程的剪辑和片段，其实我们都已经看了无数遍，但每次看都特别地骄傲和自豪。老师们看到每一节课我们都用八个字进行了高度的概括，这是我们对每个学科提出的要求：第一，这八个字要能阐述出你这个学科本身的特点；第二，还要体现北大附小的特点；第三，最好是前四个字阐述这门学科的特色，后四个字阐述这门学科的价值。我不知道老师们注意了没有，比如说数学学科，一开始想了一大堆，我们都认为不行，最后李宁说了前四个字我就觉得特别好——“研数思形”，“数”和“形”把握了数学教学的本质，随后就想到了“启智通慧”，启迪、涵养智慧，我们特别地满意。当然，昨天主要是领导班子几个成员——李宁、何立新、我和莫晖四个人在那讨论，就像这样思“前”想“后”，包括对比如说经济学科这种还不是特别典型的，也作了讨论。

“行万里路，知天下事。”在“国际理解”课程领域我们就想要做到这一点，而且不仅我们知道别人，也让别人知道我们。那天党员会上我讲，为什么国家领导人到处出访，实际就是要加强各国之间的沟通理解，以达到共赢。今天我们的交流会也是为了这样的目的，我们看到三个学科的汇报，它绝不是这三个发言人的成果——他们只是三个团队的代表，而是我们所有团队的老师和引领者们共同研究的成果。应该说从咱们接到北京市“遨游计划”这个项目开始，是由一小部分人先干起来的，包括领导班子，包括电教，等等。电教这一块他们真的付出了太多太多的努力和艰辛。有的时候我们片子里改动一个字一个词就要重新生成几个小时，昨天我们还想再改里面的字，因为大家不断地推敲，想要不断地提升，但不舍得再让他们折腾了，以后咱们再慢慢整理。

第三节 课程实践研究①

一、学校现状分析

学校的竞争其实就是内涵的竞争。我们始终相信，对于学校来说，内涵的发展才是一切发展的源泉、动力和基石。

在北大附小近年来的谋划中，我们一直坚定不移走内涵式发展道路，即以科学的办学理念为指导，不断提升科研水平，不断提高教师素养，不断创新育人模式。

在指导我国未来10年教育发展的纲领性文件——《国家中长期教育改革和发展规划纲要(2010—2020年)》(以下简称《纲要》)的引导下，我们反躬自省。《纲要》提出的"树立以提高质量为核心的教育发展观，注重教育内涵发展，鼓励学校办出特色、办出水平，出名师，育英才"恰恰是需要我们经年累月地努力追求和实现的。我们深知，就目前的学校状况而言，质量提高还不够，特色文化的挖掘还不透，名师队伍还没有形成规模，管理体制和细节都还需要完善。在未来的日子里，我们会朝着以下几方面不断努力。

第一，学生学有特色，富有个性。在未来的发展中，我们会进一步强化"给学生适合的教育"，以满足不同学生的不同发展需要。

第二，教师教有艺术，形成个人风格。我们要不断创新教育理念、教育模式和教学方法，形成鲜明的教学风格，造就更多的教育名师、教育大家。

第三，充盈学校文化，锤炼学校课程。我们要进一步挖掘体现"以美育德、文化育人"的深层内涵的课程体系。

① 摘编自2013年《北大附小基础教育课程改革实验研究报告》。

二、课题研究目标

学校课改的总体目标实质上是学校教育目标的方向和着力点。北京大学附属小学是一所百年老校，未来我们应该培养什么样的学生？对此，我们的构想是，坚持“快乐和谐发展”的办学理念，围绕“学会生活、学会学习、学会工作、学会思考”这“四个学会”，对学生进行成长教育，使学生在民主、自由的精神传统中养成快乐、进取、睿识、豁达的品质。

面对知识经济高速发展的需求，我们应重新审视课程发展目标，除了坚持现阶段“知识，过程方法，情感、态度、价值观”的三维目标以外，我们应该把人的全面发展、持续学习、终身学习的思想和能力纳入课程目标的视野。据此，北大附小的课程改革，应以国家课程、地方课程、校本课程为载体，以经济、文化、社会、信息发展为基本内容，以创新的教学形式和学习方式为手段，构建现代化、前瞻性、灵活性的课程体系。为了达成这样的目标，我们需要着力进行两个转变，即由整体重视“教学研究”向重视“课程研究”的转变，由整体突出“教学管理”向突出“课程管理”的转变。

三、课题研究的主要内容

1. 关于课程目标改进

从科学素养与人文素养两方面着力，在课程目标方面突出对学生获取知识信息、选择信息与批判信息的能力的培养，关注创造力的培养，关注学生对待高科技领域和技能的情感和态度。

2. 关于课程教学改革

通过改革课堂教学，切实提高学校教师对教材处理把握与开发课程资源的能力、教学行为设计与反思能力，并逐步形成与学校发展目标相匹配的独特的个性化的教学风格与特色，从而全面提升学生学习的水平和能力。各分学科具体改革方式如下。

语文学科：在教学方法的选择上由内容分析式阅读转化为掌握方法的

指导性阅读；在教学过程的设计上，从逐一讲授转化为把握教材实质的讲授，主题主线集中明晰，鼓励学生个性化理解和表达；在教学形式上从以老师传授学科知识经验为主转化为在尊重理解的基础上，科学指导学生自主合作探究学习，在实践体验中形成知识和能力。

数学学科：分层教学，尊重差异，多样发展；注重生活中的数学，积累生活中的数学经验；注重进程设计的逻辑性与开放性。

英语学科：在语境中接触、体验和理解真实语言；注重语言实践，培养学生的语言运用能力；进行有效的课堂教学过程设计，关注学生学习的自主选择；丰富课程资源，拓展英语学习渠道。

科学学科：重新认识中学科学学科性质，突出“整合”与“探究”的特点；以探究式学习为主要的学习方式；从生活中发现科学问题，培养问题意识；强调科学探究所需要的基本技能。

信息学科：信息技术教育领域不仅为新课程的实施创建了宽敞的空间，而且为培养学生的创新能力，提高课堂实效性，全面实施素质教育提供了一片新的沃土，学校将在智能机器人校本课程方面进行新的探索。

经济知识学科：尝试对学生进行经济学方面的教育，其目标主要是使学生通过对经济学相关知识的学习，未来能够在复杂的经济生活中更好地理解经济活动，并能够做出更好的决策。

国际视野拓展学科：将帮助学生继续扩大国际教育的交流范围，使孩子们认识世界、走向世界，也使世界认识中国。

3. 关于评价制度改进

要构建相对规范与科学的发展性教学评价体系，真正与学校办学理念吻合，与学校特色文化吻合，突出民主、自由、开放，促进教师、学生的自主发展。

四、课题研究的创新点

（一）目标创新：立足于“四个学会”

学会生活——数学与科学素质，经济与技术素质，社会与文化素质，健康、家庭与消费；学会学习——学习能力，信息素质（获取、辨识、判断、创生信息的能力）；学会工作——有效沟通（群体意识及合作交往的能力），社会责任（对生与死、感知与实在、个人与群体、确定与怀疑等永恒的人类意义问题的思考能力），价值与态度；学会思考——实践能力（科学知识、设计与技术、科学探究），创造性思维（好奇心、问题意识及提出问题能力、科学思维方式）。

（二）内容创新：立足于“四大领域”

经济与教育；文化与教育；社会与教育；信息与教育。

（三）管理创新：立足于“两个转变”

由整体重视“教学研究”向重视“课程研究”转变；由整体突出“教学管理”向突出“课程管理”转变。

（四）课题研究的实施进展

1. 学校课程改革的指导思想

学生的发展是课程设置与施行的最终目的，因此在规划课程时需要考虑的首要问题就是学生身心发展水平、兴趣爱好以及各方面的协调发展。可以说，学生是整个学校教育的中心，也是我校课程开发的根本出发点，“以人为本，快乐和谐发展”是学校的办学理念，也是课程开发的理念。我们希望通过相应课程的学习，不仅提高学生的自身素质，也为他们的未来发展和终身幸福奠定基础。课程内容具体涉及“身体素质”“心理品德”“科学素养”“艺术气质”“学习能力”等五个方面的关键素质。

2. 学校课程结构

在育人系统下的课程设置中，武术、篮球、心理健康、古诗文诵读、计算机、无线电测向、机器人、京剧、手工、剪纸、舞蹈、阅读、思维训练为必修课程，其他为选修课程。

第六章 全局视野，和谐发展

第一节 发展的硬道理①

尊敬的各位领导、各位专家、各位朋友，大家上午好！

在这莺飞草长、春意正浓的日子里，“走进北大附小——数学校本教研现场交流会”在我校隆重召开，这是我校教学工作中的一件盛事。作为承办单位，我们深感荣幸之至！在此，我谨代表北京大学附属小学全体师生，对本次校本教研工作现场交流会的召开表示热烈的祝贺！向莅临我校指导工作的各位领导、各位专家、各位朋友表示诚挚的欢迎和衷心的感谢！

“发展”是个长期的动态过程，“和谐发展”应该是着眼全局、放眼一生的发展，“学习”亦不局限于一时一刻而是贯穿终身，在知识更新迅速的社会更是如此，因而自主探索、终身学习的能力尤为重要。为此，学校自课改之初就逐步开发了适合学生需求的校本课程：武术课炼就了学生健康的体魄、坚强的意志；古诗文诵读引领学生在传统文化的海洋中自然地浸润、尽情地遨游；机器人课程培养了学生乐于探究的意识和崇尚科学的精神；“娃娃京剧团”以艺术教育陶冶着学生的情操，净化了学生的心灵；“阅读”“思维训练”“围棋”等课程，更是鼓励学生自主探索、合作探究，着力培养学生发现问题、提出问题、综合运用知识解决问题的能力，为他们形成终身学习能力打下了坚实基础。丰富多彩的校本课程，最大限度地开发了学生的资质和潜能，形成了学校独具特色的课程文化。

校本教研作为一种新型的教师行为和学校活动，是创建学习型学校的基本途径。多年来，我校传承北大“自由、民主、开放、包容”的思想理念，在这种文化特色浸润之下，我们以行动研究为模式，以课例反思为载体，进行了一系列持之以恒、卓有成效的教研改革，形成了一股以“激情澎湃、思想创

① 本文为2012年4月17日北京市数学校本教研现场交流会上的讲话。

新”为根本特色的教研文化。北大附小的数学教研团队，便是这种文化的践行者和开拓者。他们年轻、富有活力，把数学教学当作乐此不疲的自发研究，把孩子的成长当作无时不在的专业自觉，通过持续不断的努力与创新，极大地提高了我校教育教学水平。

回顾几年来我校校本教研发展，有一种感动始终萦绕于心，那就是北大附小数学教研活动的顺利开展，得到了市区各级领导和专家的大力支持和有力指导！在这里，我特别想说的是，感谢全体数学团队——是你们用课堂每一次微小的变化，让我们见证了这样专注思考、心心相依的教师文化。身处其中，我深感幸福。

今天召开的这次现场交流会，让我们有幸与国家级的数学教学专家面对面沟通经验、交流思想，这是一次极其宝贵的学习机会，相信对于推动我校数学课程改革，引导教师专业发展一定具有重要的指导意义。我们诚恳地希望与会的各位领导、专家学者及兄弟学校的教育同仁给我们的工作提出宝贵的意见和建议！

最后，祝本次现场交流会圆满成功！谢谢大家！

第二节 阅读引领学习，语言开启思维[①]

尊敬的王蔷教授、蔡剑峰社长、国际英语学科教学界的专家、全国大中小学英语教学界的各位同仁和朋友：

大家上午好！

今天是国际英语教学界的一次盛会。首先，我谨代表北京大学附属小学全体师生，对远道而来的国际英语教学专家 Keiko Koda（幸田惠子）教授、P. David Pearson（戴维·皮尔森）教授、Robert J. Tierney（罗伯特·蒂尔尼）教授表示最热烈的欢迎！同时，对尊敬的王蔷教授和她领衔的"中国中小学生英语分级阅读体系标准研制"课题组专家团队，以及外研社的出版界朋友们表示最诚挚的欢迎和最衷心的感谢！

"阅读引领学习，语言开启思维。"今天，王蔷老师把首届全国中小学英语阅读教学学术研讨会放在北大附小召开，选择将历时 5 年的研究成果——"分级阅读标准"在这里发布，这既是对我们的认可和厚爱，更是对我们的鼓舞和鞭策。北大附小是一所百年老校，前身是京师大学堂附属高等小学堂，始建于 1906 年。一百多年来，她秉承北大自由民主、兼容并包的学术精神，形成了"以人为本，快乐和谐发展"的办学理念以及"自由、民主、开放、包容"的办学特色。这些年来，北大附小尤其关注阅读带给孩子们的心灵滋养，在英语学科、语文学科率先展开了跨领域、多层次、多策略的阅读教学，成立了专门的阅读教室，开发了一系列丰富的阅读课程，有效提升了孩子们的学习质量。

北大附小也是因为"阅读"而与王蔷老师的研究团队结缘的，并由此结识了外研社等其他社会各界的朋友。2011 年，北大附小英语团队开始参与

---

① 本文为 2015 年 9 月 18 日"全国首届中小学英语阅读教学学术研讨会暨'中国中小学英语分级阅读体系标准研制'课题成果发布会"上的讲话。

总课题研究，几年来，我们以阅读教学为特色，以“新派”英语（基础类课程）、戏剧英语（拓展类课程）、多情境趣味英语（拓展类课程）、跨文化理解英语（研究类课程）为重要内容构建了北大附小“卓·悦英语”课程体系。目前，我们“卓·悦英语”团队一共有教师15人，其中，1人为国家二级翻译，1人有7年海外留学经历，4人曾在英国雷丁大学留学，所有人都曾多次出国学习。我们的英语学科建设，也逐渐由一枝独秀的单门课程演变形成了有目标、有系统、有层次的学科群，它包含相关的英语课程19门，其中，基础类课程2门，拓展类课程6门，研究类课程11门。从2012年起，北大附小开始开设小语种选修课，今年，我们的选修课已拓展至5种——德语、法语、西班牙语、韩语、日语。不仅如此，我们还有“环球视野”“旅居海外”“超级模仿秀”“双语经济学联盟”等特色课程，我们的目的，是一切以孩子们的学习需求为主，通过民主平等、多元开放、自主选择、学玩合一的课程渗透，让孩子们在语言学习、思维培养、跨文化理解上得到全面的成长。

投入到课题研究3年多来，我们得到了总课题组专家们的亲切关怀与指导。陈则航老师、罗少茜老师多次来校与老师们磨课，带给我们的绝不止是阅读教学的深刻理解，而是一种真正的科研引领。专家们的高屋建瓴，充满教育的智慧，而他们的诲人不倦，主动与一线老师们站在一起，更让我们由衷地钦佩。可以说，这几年，北大附小英语团队的成长是与课题研究密不可分的，与王老师这个团队的高位引领也是密不可分的。在这个过程中，我们还一直得到了外研社的大力支持与帮助，在此，请允许我再次向王老师的团队以及外研社的出版界朋友表示真诚的感谢！

今后，我们会更加重视阅读教学在引领英语学习中的作用，重视英语的整体学科群建设，让英语学习不仅服务于语言理解和思维发展，而且服务于中国文化的传播、世界文化的理解和交融，为人类社会和平和进步做出自己的贡献。同时，我也期望，王蔷老师的团队和外研社能一如既往地支持、帮助北大附小，让我们英语学科发展不断向前迈进！

最后，祝本次大会圆满成功！

谢谢大家！

第三节 从学校课程到学科课程①

尊敬的各位专家、各位朋友，大家上午好！

今天，我们十分荣幸地迎来了北京市、海淀区，以及各兄弟学校的专家、领导和同行们。首先，请允许我代表北京大学附属小学对各位的光临表示诚挚的欢迎和衷心的感谢！

我们都知道，课程是学校发展的核心，也是学校发展的原动力。今天，我们在这里举行“从学校课程到学科课程——北京大学附属小学实验校开放活动”。首先，我要感谢李奕委员，为北京市课程改革搭建了“遨游计划”的研究平台；其次，我要感谢由杨德军主任领衔的北京市教科院课程教材发展研究中心（以下简称“课程中心”）专家团队，为各学校的课程发展和未来的教育出谋划策；最后，我要特别感谢莅临今天会场的德高望重的教育专家裴娣娜教授，感谢她多年来对北大附小的深切关怀和无私引领，为我们的课程教学一次次诊断把脉，为学校发展寻找科学的方向。

其实，承办这次会议是需要很大勇气的。我们从最初的彷徨，到在课程中心朱传世老师及裴老师的指点下逐渐明确了：从学校课程到学科课程，表面上看是总体与分科的关系问题，实际上是育人目标与学生发展如何建立连接的问题。因此，这次活动不是“展示”，而是与在座的各位“研讨”。对北大附小课程研究团队来说，这无疑是一次重要的经验反思、梳理和提升自身学科建设水平的机会。在今天的会上，我们仅以语文、数学、英语三个学科建设的内在思路和特色抛砖引玉。我们试图通过展示不同课程门类的视频片段、一节课的现场教学、学科课程的实施方案，以及学科教师团队与现场同行深度互动的方式对前述问题作出回应。

---

① 摘编自2014年11月18日《北京大学附属小学“遨游计划”工作汇报》讲话稿。

为了更清晰地梳理我们自主课程改革的思路和举措，下面，我将从学校课程设计、学科课程建设、学校课程管理三个层面，对“遨游计划”课题工作进行一个简单的汇报。

一、规划学校课程设计，推进教育理念创新

当前，课程改革已进入深水区，继新的课程纲要和学科课程标准陆续颁布施行之后，各学校也正在把特色课程体系构建当作未来发展的重要内容。2012 年，北京市启动了中小学课程创新实验项目“遨游计划”，在这个项目中，每一所学校都从课程顶层设计开始，尝试了学校教育创新的不同策略和方法。

北大附小在课程改革方面也经历了长期的探索。进入新世纪以来，随着社会的进步和教育改革的不断深化，社会对教育的需求也越来越高。由于北京大学附属小学的生源绝大多数是北京大学教职工子女，他们思想活跃，见多识广，对我们的常规课程设计提出了非常高的要求。在这样的背景下，北大附小不断关注课程改革的顶层设计思路，把学校课程建设作为特色办学、质量提升的根本要求和核心举措，不断进行课程门类的整合、课程结构的优化，有了一些初步的成果。这些成果集中地表现为“北大附小生命发展课程体系的构建”。

生命发展课程体系的核心内容是“三层—五类”的课程结构。三个层次分别是：基础类课程、拓展类课程、研究类课程。“三层”背后分别是面向全体、面向分层、面向个体，这是学校对课程性质的归类和划分。

五个类别（五大领域）分别是：人文素养、科学素养、健康艺术、社会交往、国际理解。在这五类中，“社会交往”是针对 21 世纪终身学习技能中的“协作”“交流”提出的，也是针对当前孩子们亟须培养的社会适应能力提出的；而“国际理解”则是根据北大附小孩子们的诉求以及学校国际交流实践经验提出的。

除了“三层—五类”的课程结构，北大附小还构建了学科群的概念，勾勒了由不同内容、不同年段和不同学习方式组成的三维实施形态。特别要指

出的是，我们的课程设计还突出了对学校文化的汲取和关照，如我们的“北大文化”课程，以领悟北大精神、传承北大文化为宗旨，内容包括“北大风骨、北大风物、北大风采”三个系列，是老师对学校办学传统、文化特色的吸纳与融合，体现了学校文化的传承和创新。

二、构建学科课程方案，引领课程文化建设

继“生命发展课程整体方案”出台以后，下一步的改革目标是什么？在裴教授的启发下，我们认为，应把学校整体课程方案放在学科课程的框架之中，在教育教学的实践土壤中反观我们的课程设计，不断调整、丰富、修正、发展，让课程方案在学校日常教学工作中焕发应有的生命活力。如此，一个清晰的任务就摆在我们面前：如何根据学校整体课程方案构建相应的学科课程体系？这个学科课程体系要澄清和梳理哪些基本问题？我们如何从教与学的视角来认识这一套体系，真正服务于学生发展、教师发展？

于是，2014 年 3 月，在召开新一年“遨游计划”项目方案报告会时，我校做了题为《深化学科课程改革 推进精品课程建设》的汇报，提出了学科课程建设的七个核心问题以及三大推进策略，受到了与会专家的一致好评。

七个核心问题是：对北大附小学科课程发展水平特色的估计；学科课程构建的主题与思路；学科课程内容的设计；学科课堂教学进程的设计；学科课堂教学的特质；学科课程教学的成效；学科教师团队建设。

三大推进策略是：第一，由离散走向集中。即专家、教师面对面，深度互动，集中研讨，共同梳理学科课程建设的主要问题以及问题的主要方面。第二，由问题走向情境。即由学科课程专家引领，教研组教师深度碰撞，在已有实践的基础上，根据未来课程目标，对学科课程建设的主要问题进行回答，尝试勾勒相关的课程方案。第三，由粗放走向精细。即在以往学科课堂教学的基础上，通过教研团队研究和教师课程设计，寻找精品课程建设的着眼点和实施办法，形成精品课程建设的具体方案。

一年来，在反复的摸索中，北大附小各学科团队不断努力，从七个方面锤炼课堂教学，从中梳理学科课程的理性问题，有了以下一些收获。

（1）概括了鲜明的主题概念。如语文团队的“博雅语文”尝试从“母语”“儿童”“文化”“生活”四个维度把握语文教学改革，强调通过体验、感悟、整合、反思的方式，养成孩子深厚的人文修养。如黄祥昀老师的语文课“杨氏之子”，教学中，黄老师引领孩子们短文厚学，古文新学，通过独到的诵读指导，丰厚的意义赏析，突破了传统文言文教学“字字翻译”的套路，让孩子们感受到中国丰富的礼仪文化和精妙的言语智慧，很好地彰显了博雅语文“博览，善思，雅言，恭行”的特色。

（2）开发了有效的教学策略。教学策略是老师教学艺术最集中的表现。英语团队通过集体研究，开发了语音教学的分段调控策略，词汇教学的意义链接策略及“北大附小词汇进阶四步法”，阅读教学的图示策略、思维导图策略、元认知策略以及个性化作业设计策略等。

（3）组建了丰富的课程资源。学科课程建设要有丰富的课程资源支撑。北大附小以学科教材为主，组建了一系列丰富的课程资源，并进行了系统化的归类和梳理。如语文课程的古诗文教材系列（《古诗文读本》《经典古诗文赏析》《北大附小学校古诗文诵读校本教材——小学生必读古诗》……），创编文化系列（《校园三字经》、“校园文化”课程、“北大文化”课程……），筹建活动系列（“博雅书库”、读书社、写作俱乐部、“童心悦读”课程、始于1998年的中华古诗文经典诵读活动……）等。

（4）形成了生动的课程文化。我们不断创新教学方式，延伸学习空间，自由、开放的课程文化特色日益浓厚。例如，我们的美术课从引领学生观察百合的生命力到在水墨游戏中领略、体验水墨交融的幻化、曼妙的美丽，远远突破了传统的教学技法，更加关注孩子的内心感受，鼓励孩子们自由想象、独立思考，率真表达自己的情感，用独特的审美体验引领孩子的精神成长。

三、实践人本课程管理，促进师生个性发展

我们希望无论学校层面的课程改革，还是学科课程改革，都是扎扎实实，一步一个脚印，都是春风化雨、润物无声的。它允许彷徨，允许等待，允

许批判，允许个性，允许试错。我们更希望在课程改革中，老师们能团结，和合相长，能够享受研究的快乐、碰撞的快乐。

为此，在课程管理中，我们采取了以下一些做法。

（1）多元引领。

在为课程改革诊断把脉时，我们敞开怀抱，引领教师关注教育以外的事物，历史的、文学的、哲学的、艺术的，等等，广泛吸纳来自跨领域、跨学科、跨视角的思想营养。

（2）对话共生。

在学校课程改革中，校长首先要做对话的倡导者和先行者，让老师们敢于交流、勇于对话。我们新建的开心种植园，数字天象厅，其实都是在老师们的日常对话中生发出来的，如今已变成生动的科技课程。

（3）实验培育。

为了扎实地推进课程改革，我们还采取了教学实验的办法。如朗文新派英语教材的实验，现在已从一年级覆盖至三年级。

（4）文化浸润。

课程改革是需要跟学校文化特质相结合的。它应该体现着一所学校以及教师团队的价值观、育人观和学生观，是课程改革最深层次的问题。它必须根植于学校文化，努力建设出一个兼容并包、思想自由的人文氛围。

（5）组织统整。

在课程改革中，我们梳理了学校课程开发的基本流程图（如图1所示），从自上而下、自下而上两个层面来碰撞课程的思想。

课程改革牵一发而动全身。在这个过程中，我一直在思考，作为校长，我的身份和角色是什么？我想，无论是课程，还是课堂，这些都只是载体，都不是最重要的。最重要的是人，是教师，是他们的思想智慧和创造。因此，作为校长，要努力尊重各种声音、各种歧见，而不是用制度去匡正，用权威去统摄。

我还是这样说，小学校里蕴藏教育的大学问。这就要求我们真正践行“以人为本”的教育，“顺其性，驰其想”，“顺木之天，以致其性”，因材施教，以致其长。未来的教育，真正的教育，一定是多元的、开放的、个性化的！教育是一份事业，更是一种信仰，一种精神追求。

我的发言到此结束，谢谢大家！

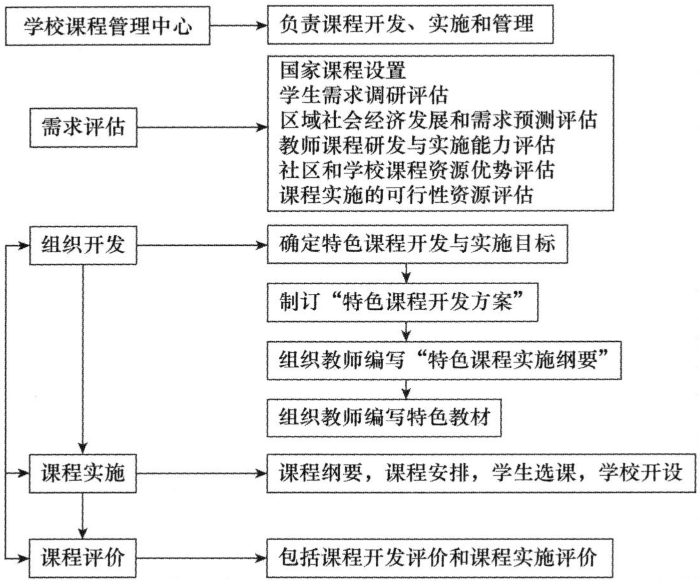

图1　北大附小课程管理流程图

第四节 促进特色发展的校本教研[①]

校本教研是以教师在实施新课程中所面临的实际问题为研究对象，以学校为研究基地，以教师为研究主体，以学校、教师和学生的发展为目标的实践性研究。校本教研是随着新一轮课程改革应运而生的，它更加关注人性化、个性化，拉开了生命教育的序幕，为教师素质发展、学生的成长、学校的特色教育提供了更广阔的空间。

北大附小是一所拥有百年历史的老校，在新课改的形势下，北大附小作为校本教研的试验基地之一，将校本教研理念与学校的具体实际相结合，逐步探索出一条符合本校特色的创新之路。

一、深化认识，明确方向，确立校本教研新理念

对校本教研的认识和态度直接影响着校本教研的成败。我校从对校本教研的认识抓起，开展了一系列宣传活动，使教师们深刻领悟校本教研的重要性。

1. 开展校本教研是新课程改革的有力保障

新课程改革的任务是构建符合素质教育的新的基础教育课程体系，它迫切要求我们改进和完善教学研究制度和工作方式，形成民主、开放、高效的教研机制。而校本教研制度作为一种推动课改发展，为课改注入新的活力的教学研究新方式，不仅是当前学校改革发展和教师专业成长的现实要求和紧迫任务，也是提高教师专业化水平，创造性地实施新课程，提高教育质量的制度保障。

---

① 摘编自2015年6月《“转变观念，抓住契机，促进学校特色发展”报告》。

2. 开展校本教研是提升教师素质的有效手段

学校的发展离不开教师，教师的成长离不开教育教学实践，校本教研正是给教师提供了一个“在学校中教育，在教育中研究，在研究中学习，在学习中发展”的机会，激发教师自主研究的积极性，使教师在教学实践中经历“实践—反思—探究—再实践”的循环过程，使自身的素养得到提高。

3. 开展校本教研是培养学生创新精神和实践能力的重要措施

教育是培养人、发展人的事业，校本教研始终坚持“研究学生，遵循学生的发展规律和特点，重视学生的差异性，尊重学生的个性发展”，促进每个学生身心健康发展，满足每个学生终身学习的愿望和能力，从而使学生得到全面、持续、和谐的发展。

4. 开展校本教研是学校特色发展的关键因素

每所学校都有自己独特的校风，创办特色学校是学校生存和发展的需要，特色课程的构建则是实现学校办学特色的重要载体。

二、周密部署，统筹规划，推进校本教研深入进行

在校本教研中，学校成为研究中心，教师成为研究的主体，课堂成为研究室，因此，关注教师、关注课堂成为校本教研管理的关键。

1. 理念在先，开展形式多样的校本培训

教师是一所学校赖以生存和发展的支柱，教师是校本教研的实践者、探索者和创造者。由于小学教育的特殊性，教师往往会将校本教研定位在授课的方法和技巧上，其结果还是在老教法上兜圈子，难以提高教学水平，使自身发展受到制约。因此，我们需要着力在提升教师理论水平上下功夫。具体的措施如下。

(1) 建立了干部教师理论学习制度。学校领导把教师培训当作学校的日常工作来抓，规定每周六下午四点为雷打不动的教师培训时间，把特级教师、专家、学者请到学校讲课、作报告。

(2) 利用网络打造信息交流的平台。教师们通过校园网把反映最先进

教学理念的文章、教改信息及时挂到网上，通过论坛探讨最新的教学心得，以便在最大范围内集思广益。

(3) 组织干部教师走出校门、区门、市门、国门，捕捉新信息，学习好经验。在安排上，学校让一些骨干教师接受系统、高层次的培训，对刚刚踏上工作岗位的教师，则是为他们多多提供展示和锻炼的机会。

(4) 学校图书馆配置了大量理论书籍，开设教师电子阅览室。

(5) 学校创建了 GKE 国际交流中心，搭起了国际教育交流的平台。美国教育专家佛·劳伦斯女士两次来我校与教师共同探讨交流教育观、育人观，并亲自为学生用英文授课，三节课的教学中学生始终兴趣盎然。六十多岁的老人课上始终充满激情，幽默、风趣、学识渊博，她常常蹲下身子，甚至跪下身来与学生交流，学生上台发言她立即退到教室的后方满含欣赏地专心倾听……。这种面对面身临其境的交流、碰撞，化无形为有形，对转变教师的教育观、育人观起到了重要作用。

2. 反思交流，形成全新的教研活动模式

在校本教研活动中，教师的作用已不仅仅是“传道、授业、解惑”，而是体现在教学活动中的主动研究行为上。因此，学校强调教师的反思和交流，努力建设一种开放的、群言的、探究的全新教学研究模式。

(1) 教师个体的反思贯穿始终。

学校要求教师在教学活动中不断进行反思，包括教学设计过程中的“行动前思考”，教学过程中的“行动中反思”，以及教学后的“行动后反思”。反思的主要内容涉及教学目的、教案设计、教学行为分析、教学效果等各个方面。反思的目的在于不断更新教学观念，改善教学行为，提升教学水平，同时养成教师独立思考和提出创新性见解的能力，形成自己的教学特色。教师撰写反思笔记，主要记录课堂上的闪光点和失败之处、对下次教学的建议，等等。学校对优秀的教学反思笔记予以表扬，并在校园网上进行展示。

(2) 广泛开展教师间的互动探讨。

我校鼓励教师相互听课、评课。同一科目教师之间互相听课要达到一定节数，鼓励不同学科教师之间相互听课。听课之后一定要集体评课，评课不仅要评出优点，而且要指出不足和今后改进的建议。为了探讨有效教学策略，促进各教学组内部以及教学组之间密切合作，学校还经常在校内举办全校范围的研讨会。一位青年教师在参加完一次研讨会后写道："今天的研讨会真是让我受益匪浅。大家时而为一个教学亮点拍案叫绝，时而为一处教学设计激烈辩论，时而为一个观点支颐沉思，时而为个性鲜明的主观感受频频点头。大家'敢言'更'乐言'，新视角、新观念，可趋同亦可求异，在自由漫谈、相互启迪中的句句'真言'更是令人动容，引人汲取，给人思考，催人奋进！"我们坚信每一位教师都是一座心之芳园，而孕育其中心之禾苗茁壮成长的沃土是民主科学开放的研究氛围。

3. 开发校本课程，拓展研究空间

校本课程是学校根据自己的办学特色及教育理念，在对学生需求进行系统评估的基础上，结合本校师资和生源总体素质较高的优势，自行研讨、设计的多样性课程。学校认识到，校本课程是校本教研最终的落脚点，只有进行科学的决策组织、明确的制度分工，校本课程的开发才能成为一项持续性、有计划的专业活动。

（1）学校领导高度重视，亲自领导，组成课程开发队伍，是保证校本课程开发质量的前提条件。在开发每一门校本课程时，学校领导都亲自牵头组成课程开发核心小组，确定负责人，小组成员主要由学校领导、骨干教师、专家等组成，负责确定校本课程的总体方案。

（2）校本课程的主题要满足学生的内在需求，符合学生的兴趣和爱好。例如"一次性筷子中的数学问题"一课，课前布置学生到各班调查上学期午餐时，每天平均使用多少双一次性筷子。课上，学生汇报调查结果——大约每天 270 双，进而计算出照此情况，一年使用 54 000 双。老师提供条件：一双一次性筷子长约 18 厘米，宽约 1 厘米，厚约 0.3 厘米。提供信息：① 我校教学主楼高约 15 米；② 北大五四操场一圈 400 米；③ 香山主峰香炉峰高约 557 米；④ 一棵生长 20 年的大树，约可制成 4000 双筷子。然后鼓励各小组根据以上数据，进行自己最感兴趣的计算。孩子们的计算结果是：54 000 双筷子连起来约有 648 个教学主楼高，24 圈五四操场长，17 个香炉峰那么高，约用 14 棵成年大树制成。孩子们在数感得到培养的同时，还受到了强烈的震撼，增强了环保意识。这样的课堂教学贴近学生的生活，冲破了课堂的狭窄空间，使学生增长了见识，开阔了视野，拓展了思维。

(3) 因地制宜，开发校本课程资源。课程开发过程中，学校充分考虑了学校现有的课程资源、人力资源、教师水平、设施、器材、场地等因素，还充分利用了社区资源。例如，在编制综合实践课程教材时，我校结合北大附小地处北大燕东园、是北京大学职工子弟学校这一特点，特别编制了《北大少年》一章，引导学生参观北大校园、了解北大的历史、领悟北大精神，激发学生的学习积极性和爱国热情。

(4) 课程开发与教学紧密联系。学校课程与教学都是教育系统的有机组成部分，不能排斥或忽视任何一方的存在。我校开展的“三层次数学教学试验”是“人人学有价值的数学，人人都能获得必需的数学，不同的人在数学上得到不同的发展”这一《数学课程标准》基本理念的最好体现。所谓“三层次”，一是作为基础的数学课堂教学，满足所有学生的需求，使全体学生达到教学的基本要求；二是数学思维训练，满足部分学生要求，进行专项的数学思维能力培养；三是数学兴趣小组，满足少数学生的需要，进行数学知识的集中学习。后两个层次使用我校教师编写的《小学数学思维训练》等校本教材。目前全国已有十余所学校与我校建立合作关系，共同进行数学校本教材的进一步开发建设工作。

(5) 建立科学的校本课程评价体系。校本课程开发方案的优劣与否会直接关系到校本课程开发质量的好坏，进而影响到学生的学习质量。学校建立了科学的评价体系与改进机制，通过问卷调查、教师自我评价、教师听课评价、学生的学习态度、学习效果等多方面因素对校本课程进行监督，反思开发中出现的各种问题，保证课程开发的健康顺利进行。从 1984 年至今，我校教师自己编写的《LOGO 语言》《QBASIC 语言》和《小学信息技术》一直是学生信息课使用的校本教材。目前，从时代对人的信息素养的更高要求出发，我们正与清华大学出版社合作编辑开发 WPS 系列学生教材。今年，我校将重点开发综合实践活动教材以及具有我校特色的乐高机器人系列教材和学生电子制作系列教材。

三、校本教研，成就学生、教师、学校共同发展

经过一段时间的探索与实践，校本教研在我校已初见成果，主要体现在三个转变上。

1. 学校转变为研究型学校

通过校本教研，学校内部形成了一种宽松、民主的研究氛围，教科研工作更加科学化、规范化、现代化，形成了教研带动科研，科研促进教研的模式。

目前，学校已经得到批准和正在参与进一步研究的科研课题主要有：① 全国教育科学“十五”规划重点课题“创新教育的研究与实验”的子课题“中小学教学过程中实施创新教育的研究方案”，我校的子课题为“适应创新教育的多样化课堂教学策略、教学模式和教学设计的研究”；② 全国教育科学“十五”规划重点课题“信息化进程中的教育技术发展研究”(AYA010034)的子课题“基于课程改革的资源开发与应用”；③ 北师大教育科学研究所裴娣娜教授领导的全国教育科学“十五”规划重点课题“主体教育与我国基础教育现代化发展的理论与实践研究”，我校认领的子课题为“小学生自主学习态度和能力培养的实验研究”；④ 北师大沃建中教授主持的“十五”重点课题“儿童心理素质的促进对其学习成就的影响”子课题“小学生良好情趣情感的培养”；⑤ 中央教育科学研究所的“回宫格习字法”；⑥ 海淀区基础教育课程改革实验项目“课程与学生学习方式变革的研究”；⑦ 全国教育科研“十五”重点规划课题“中小学体育与健康教师用书可行性实验研究”；⑧ 全国教育科学“十五”规划重点课题“中小学教育信息化的理论与实践研究”的子课题“中小学信息技术课程体系研究”；⑨ 海淀区教育科研“十五”规划课题“寓德育于实践活动的研究”；⑩ 中国少先队工作学会主持的国家“十五”研究课题“网络与少先队”；⑪ 校级课题“美育在小学生品德形成中的功能”……

2. 教师转变为研究者

随着校本教研的深入，新课程、新方法逐步进入每一位教师的每一节课

之中，真正把新的理念扎根于实践的乐土已经转化为每位教师的教学行为。在教学改革中，校本课程的开发促使教师始终在研究、探索的状态下工作，用心去思考，用心去研究。目前，我校共有市学科带头人 1 人，市骨干教师 6 人，区学科带头人 10 人，区骨干教师 6 人，中心学科带头人 22 人，仅在本学期就有 20 多位教师在全国、市级、区级论文及案例评比中获得奖项，形成了一支结构合理、学科配套、素质良好的教师队伍。

3. 学生转变为主动求知型学生

在整个学校浓厚的学习气氛下，学生们乐学、好学。在课堂上，学生们畅所欲言地提出不懂的问题、不同的看法，收集各种资料论证自己的观点，自由平等地与老师讨论，甚至辩论；在课后，学生们积极参加各种兴趣小组，因趣而学，因疑而思，在主动的参与中尽情地展示自己的才能。从 2005 年 2 月至今，我校已有 100 多名学生在全国、北京市、海淀区举办的各种竞赛中获得奖项，范围涉及音乐、美术、机器人、作文、英语等多个学科。

总之，校本教研不仅仅是一次教学方式的革新，而且是一次发展的契机：在“实践—理论—再实践”的过程中，学校、教师、学生共同发展，更加突出了“宽松、民主、求实、创新”的办学风格，使百年老校焕发新的光彩。

第五节 多彩融合，放飞理想[①]

孩子们，大家好！

非常高兴，因为这是我们五校合并以来，我们这个大家庭第一次的聚会和文艺汇演。在这短短的一年之间，我们所有的五校区的老师和孩子们共同学习、共同成长。我们四校的老师在假期一起进行了培训和感情的沟通。同时，我们每个月还会进行干部的培训、互动以及和专家的研讨。在这短短的一年期间，我们成立了四校联合教研。每个学校献课、献计，团队之间互相碰撞、互相欣赏，我们还开展了丰富多彩的生命发展课程。在这当中，老师们互相包容，共同成长。

作为校长，首先，我衷心地感谢我们各分校的干部和教师团队对我们的支持、包容、理解，使我们五个学校迅速地融合在一起。我还要衷心地感谢我们的管理团队，他们抛弃安逸的生活，每天往返近百公里，奔波在我们各个分校之间。我更要衷心地感谢我们石景山区、丰台区、海淀区各级领导对我们各校工作的支持。同时，我也更加深刻地理解了仲文书记均衡教育发展的宏阔胸怀与愿景。

老师们，为了共同的理想，我们走到了一起。时光流转，岁月轮回，我们播种的是希望，耕耘的是理想。所有在座的我们五个校区的孩子们，作为校长，我好爱你们！

不论走到哪个校区，都有许多激动的画面打动着我。每当我看到我们丰台校区的孩子们举着那本晶莹透亮的水晶书，透过蓝天白云，眺望着远方的时候，每当我看到我们的孩子们，每天轮番认真地擦洗冰心奶奶“专心地

① 本文为2016年5月27日“‘放飞理想’——北京大学附属小学五校联合文艺演出”上的讲话。

学习，痛快地游玩”题词的水晶石书的时候，每当我看到我们肖家河校区的孩子们那么珍爱我们的新校服、不舍得坐到地上的时候，每当我看到我们石景山校区舞蹈团的孩子们那率真、充满活力的表演时，我都一次一次地被你们打动，为你们骄傲，为你们自豪！

最后，我代表所有的老师，祝我们的孩子们六一节快乐！同时，我也衷心地希望所有校区的北大附小的孩子们，永远牢记冰心奶奶为我们题的词——“专心地学习，痛快地游玩”，做一个尚风骨、敢担当，快乐、进取、儒雅、大气的北大少年！

后记

素质教育的实践①

① 摘编自《以人为本的素质教育实践——全面实施素质教育工作总结》。

北京大学附属小学前身是京师大学堂附属高等小学堂，学校占地24 800平方米，校内花木繁茂，古树参天，奇石美池，相映成趣。这里人杰地灵，既有我国著名历史学家翦伯赞生前居住过的欧式别墅，又有极具中国特色的明清建筑。北大附小栖身于北京大学校园之中，耳濡目染北大的风气，一贯秉承北大兼容并包的学术理念，自由民主的学术精神犹如春风化雨，在附小的土地上润物无声。冰心老人的题词“专心地学习，痛快地游玩”饱含了老人对附小的殷切希望，同时也是学校力求之宗旨。我们的校园是孩子们天性施展的乐园，是孩子们快乐成长的沃土，更是孩子们驰骋学海，陶养身心的场所。

一、确立先进的办学理念是学校和谐发展的灵魂

1. 确立系统、科学的办学理念

受北京大学源远流长的民主、科学、进步的传统熏陶，北大附小几十年来十分重视人文思想。早在80年代初，附小就提出“教育不仅是为了学生的今天，更是为了学生的明天”的办学理念。90年代，附小又将办学思想总结为“全面贯彻党的教育方针，力求通过民主和谐的学校管理、自主探究的课堂教学、丰富多彩的课余活动、以美育人的校园环境，创设宽松充实的学校生活，最大限度地开发学生的资质和潜能，使之具有良好的品德和个性，身心健康，快乐地学习和生活，为持续发展打好基础”。2002年7月，新一届领导班子正式成立，在继承发扬北大附小先进的教育理念和光荣传统的基础上，紧跟北京大学“建设世界一流名校”的发展目标，我校确立了“国内领先，世界一流”的办学方向及“以人为本，快乐和谐发展”的办学指导思想。

我们强调的快乐，是具有深刻内涵的、体现人生价值的高层次的精神愉悦，是让全校师生生活充满情趣，富有精神追求，对自然和人类充满善意，懂得感恩，追求进步，追求光明，自信而乐观地面对生活中的挫折和困难。

学校的和谐发展，就是要真正地坚持以人为本，面向全体学生，树立全方位育人观；使学生受到充分的尊重，在自由愉悦的氛围中全面而富有个性地发展，享受学习，同时具有深厚的人文素养；教师得到公平的对待，在宽松

民主的环境里，通过合作增强竞争能力，挖掘潜能，展示自我，在辛勤的工作中得到快乐，获得自豪感，并拥有享受生活的能力。

2. 实事求是地制定目标规划

新一届领导班子上任的第一件事就是立足于学校现状，对校情进行了系统的分析，扬长避短，充分利用我们得天独厚的自然资源和人力资源，进行重新整合、整体规划。为统一思想，凝聚人心，当年 7 月，我校在南戴河召开了为期三天的教职工代表大会，确立了学校五年规划及奋斗目标。

(1) 硬环境建设。为了适应时代的发展，满足学生的需求，打造学校的品牌，为了建设具有我校独特文化内涵、更好地实现对学生隐性教育的环境，我们必须要改变校园校舍的现状。这是我们本届班子的首要任务。

(2) 软环境建设。① 形成“北大附小人精神”，即“团结、凝聚、豁达、开拓、向上、进取”的精神；建设科学、民主、高效的管理体制和优胜劣汰的竞争体制；创造宽松、激励、创新、活跃的学术氛围；营造积极、向上、温馨、和谐的校园文化。② 建立一支志存高远、敬业爱生、勤奋智慧、德才兼备的优秀教师队伍。

总之，我们将“夯实基础(硬件、软件)，苦练内功(德、勤、技、能)，广泛汲取(博采众家之长；‘他山之石，可以攻玉’；取人之长，补己之短，借鉴别人的经验，不断创新)，韬光养‘慧’(收敛锋芒，滋养智慧，集中力量走出瓶颈)，蓄势待发(积攒智慧能量，再创辉煌)”这 20 字作为今后五年的工作指导方针。

二、建设一流硬件环境是学校和谐发展的基础

改造校园落后的面貌，建设和谐美丽、适于师生成长发展的新校园，其蓝图是诱人的，其过程则充满了艰辛。我们一份份地给北京大学校长打报告，找有关领导谈话、沟通，经过领导班子集体讨论，我们向北京大学承诺自筹资金对 50 年未变的北大附小校园进行彻底改造。北京大学于 2002 年 12 月 31 日批准我校自筹资金兴建 11 666.6 平方米的教学楼及学生宿舍楼。2002 年暑假，校内的二层周转房开始动工，同年 11 月完工。2004 年暑假，新教学楼建设启动。2005 年新学年，学生全部搬进了被誉为全国第一座生态

教学楼的新楼上课，一年四季不出教室就能呼吸到清新的空气。一幢幢蓝瓦灰砖的教学楼掩映在苍松翠柏中，典雅、凝重，传统与现代在这里得到了完美的融合。当你欣赏着青松白杨，踏着青砖铺地的幽静小路步入附小，就会感到一份天然的绿色，一份自然的美丽，一种激动人心的领先和骄傲。

为了适应现代化教育发展，我们投入巨资，改善学校内部设施。完善的校园网保证了师生信息的畅通无阻，每个教室配置的液晶电视和电脑实投，使老师教学更方便，学生学习更便捷；专门用于国际交流的 GKE 教室已经发挥出优势；28 个专用教室，包括实验室，把孩子们带进五色缤纷的知识世界；现代化的小讲堂更是为我们的教研、会议提供了方便的场所。

目前，学校正在抓紧进行地下车库及操场等的建设，我们承受着经费缺乏的巨大压力，唯有以学校的优质服务和良好的声誉，赢得社会的支持。为了孩子们，为了建设与北京大学相匹配的一流小学，我们会继续拼搏下去！

三、和谐卓越的团队是学校发展的保证

目前北大附小有 152 名教职工，这样一支队伍需要一种内在的精神支撑，一种自发的动力驱动。团队的领导和管理者，则需要站在理论高度上，以战略的眼光来充实附小精神的内涵，也就是“团结、凝聚、豁达、开拓、向上、进取”的精神，并使之浸润在校园的每一个角落，成为附小人共享的精神宝藏。为此，我们坚持从以下几方面努力。

1. 坚定不移地实现校务民主

我校管理团队共 10 人，老中青相结合。市区学科带头人、中青年骨干教师和中学高级教师及获得市区级荣誉的有 7 人，全部为大本以上学历，其中特级教师 1 人、双硕士 1 人。我们坚持每一个领导班子成员都是管理的主体，都是支撑学校的大梁。这样既能广泛地听取各种意见，吸纳多方面信息，使学校方向明确，又能使每个领导班子成员感受到自己的价值，从而充分发挥自己的聪明才智，创造和谐合作的领导集体。在领导班子里，学校的任何事情都公开讨论研究，因此，大家口径一致，劲儿往一处使。5 年来，经历了“非典”灾难、校园基建、人事改革等一系列的考验，大家同心同德、和衷

共济,在渡过难关的同时形成了坚强的、追求卓越的战斗集体。领导班子在大小事情上都积极调动群体的参与意识,多次组织党政班子、教研组长、教代会成员共同研究学校的重大事件。并将所有大事及时向全校教工通报,政务财务一向公开,使大家清楚明白。在开展实际工作时,全体教工都具有高度认同感,能自觉调整自己的思想行为,配合默契,从而使学校成为管理者与被管理者共同驾驭的组织。

2. 努力激活和优化内部管理体制

其一,学校以慎重的态度对教职工队伍进行了优化重组,实行全员聘任合同制。教师的转岗、解聘,学校“给时间,留余地,垫台阶”,“一碗水端平”,因此做到了人人心服口服,没有留下任何“后遗症”,也很好地强化了竞争意识、责任意识。其二,工资方案涉及每一个教职员工的切身利益,学校坚持科学的态度,通过深入细致的调查研究,坚持民主运作,调动了员工的参与,稳步推进,使工资调整方案逐步完善。北大附小实行的一系列人事制度改革,规范了管理,调动了积极性,加大了竞争力度,促进了学校管理水平、教育教学水平的提高,形成了学校成熟的有生命力的人事机制。

3. 精心打造情系附小的团队精神

在一个好的团队里,生命影响着生命,心灵融会着心灵。人,只有在自由和愉悦的状态中,潜在能力和创造精神才得以激情发挥。学校靠制度和条律管理,是必要的;但是,建立在文化底蕴的影响和集体价值认同的基础上的隐性管理,才是更持久更有效的。我校长期坚持以人为本的管理理念,实行以“人和”为契机的宽松、民主、和谐的管理模式,用浓浓的“情”字连接附小人的心。校长努力做到有见识,通晓人性,善与人同,富有事业心、荣誉感,对部下能赏识喜爱;有权威,能服人心,令行禁止;关注教师心灵的苦闷、精神的诉求。教师之间倡导宽容、理解、信任与合作,为自己的成功而拼搏,为别人的成功而快乐。例如,一人参与评优,全组上阵支援,电脑、电教、音乐、美术、手工教师随叫随到,无须行政指令,全校一盘棋。我们真正做到了一方有困难,个个肯支援。2005 年,临时工赵师傅不幸罹患癌症,全校教工一天内为其捐款 3.5 万余元,凑齐了手术费用。赵师傅热泪盈眶地说:“北大附小是我的救命恩人!”我们倡导用情管理,突出情商的作用。彼此有了真情,就会产生感动,感动多了,就会形成一种情感场效应,即感动效应。真情的牵系造就了甘于奉献、团结一心的团队,奏出了美好和谐的学校交响曲。非权力影响的、自觉自愿的、自然而然的、不遗余力的持久性敬业、奉献,形成北大附小独特的群体氛围,对每一个成员都产生了磁石般的吸引力。

4. 让每一个教师实现自己的人生价值

以人为本,就是关注人的发展,努力促进每个人的提升,激励和帮助教师实现自我成功是我们最重要的工作之一。我校绝大多数领导班子成员,从校长开始,每学期无论多忙,听课都不会少于100节,做到对每个教师的业务水平心中有数。我们为每一位教师的发展创造条件,规划蓝图,为他们充分发挥自己的潜能、形成自身教育教学特色出谋划策。我们强调教师根据自己的特质选准突破口,努力成为独一无二的自己。我们的教师不是要“照亮别人熄灭自己”,而是要在照亮别人的同时闪烁出更加明亮的光芒!我们不断提高教师更新观念和知识、学习实践教育教学理论的自觉性,推进教师的专业化。我们采取了以下措施。

(1) 充分利用榜样的力量。树立俞涛、郭琼等“学习型教师”榜样。

(2) 布置理论学习作业。

(3) 动用激励杠杆。对论文获奖者给以最高奖励。

(4) 物质保证。图书馆配置大量图书,为每个教研组订阅教学杂志,为教师个人配备系列电脑图书、辞典、字典等常用书籍。我们的原则是“只要对提高教育教学水平有好处,保证费用需求”。

(5) 创造各种学习机会。我校组织教学研讨会、论文交流会、校本优质课交流等大型教科研活动十余次,有效提高了教科研水平。一批又一批的教师赴外省市、外国进修学习。学校充分利用GKE教室,多次请来美国教育专家佛·劳伦斯女士亲自给孩子们上课,使中外教育思想、教育观念发生碰撞。也曾请张思明、赵谦翔、窦桂梅等中小学特级教师到校讲课、座谈。我们还充分利用北大资源,请历史学家到校介绍中国的文化史,请经济学博士对当前中国经济形势进行分析,以帮助老师接近人类最宝贵的思想财富,营造高雅文化的氛围。我们坚持激励教师学习和提高必需的业务技能,持续不断地进行信息技术培训,中青年教师都通过了计算机模块考试,还出现了一些电脑高手。英语教师不止1人口语达到十级,非英语教师也有一批通过国家四、六级考试。我们还注重发挥骨干教师在学校教科研中的重要作用。特级教师每周要上两节公开课,市区学科带头人每学期要上公开课。他们的风格百花齐放,给我们的教坛带来缕缕春风,促进了全体教师的发展。五年来,教师中形成了浓郁的学习氛围,每位任课教师都投身到教科研的努力之中。教师的理论学习笔记、论文、案例每人平均有3万多字,论文获海淀区、北京市和国家级奖项以及在正规刊物上发表的有百余人次。目前我校有特级教师1人,市学科带头人1人,市级骨干教师11人。几十名青年教师在市区级评优课中获奖。

5. 科学的评价给教师带来自信与快乐

在教学管理中,评价教师的教学效果应由传统的以评价所教学生的学业水平为主的模式,向全方位、多角度、定性定量相结合的评价模式转变。其基本出发点应定位于:倡导敬业精神、探索精神、创新精神;帮助学生树立学习的信心,提高学习的兴趣;通过新观念、新方法的引入运用,使课堂教学的每一个环节和流程更有助于培养学生思维的创造性,使学生的学习更具有探索兴趣,促进教与学双方良性互动提高。每学期期末,除了让教师自己对所教学科和班级的学业成绩作定量和定性分析外,我们还对教师撰写的论文、发表的文章,以及辅导学生获奖、学困生的转化、社会兼职等情况进行较详尽的统计,并根据奖励制度进行精神和经济上的奖励,使具有不同特长的教师都享受到成功的喜悦,激励其不断努力,给予其创新的动力。

老师们感觉到自己在一天天进步,感觉到自己越来越得到领导、同事和学生的认可与尊重,心情都很舒畅。一位老师的总结说出了大家的心声:"我累,我成功,我快乐!"凭借我们良好的声誉,我校成为许多"凤凰"落脚的"梧桐树"——北京大学的研究生来了,不少市区骨干教师来了,还吸引了特级教师。这无疑为我校的发展插上翅膀。

总之，唱好“关心、尊重、培养、督促、鞭策、激励”人文核心六步曲，使教师在帮助学生成长的过程中，不断挖掘自身的潜力，发展个性，实现自我超越和持续发展，在育人的事业中体现生命的价值，在学校的发展中获得职业幸福感。

四、学生全面和谐发展是我们的不懈追求

学校，应该成为学生的家，成为孩子们真心实意热爱的地方。这就要求我们替学生作全方位的考虑。除了给他们创造美丽和谐、富有人文情趣的校园环境外，师生关系也应该是和谐的，课堂教学气氛应该是和谐的，多种活动与教学主渠道的关系也应该是和谐的，学生的全面发展和学有特长应该是和谐的，集体主义教育与个性张扬也应该是和谐的……

1. 营造和谐快乐的师生关系

教师对学生的爱，是办好教育的情感基础。我校教师的座右铭是：“为了孩子们今天和明天的幸福而努力。”教师的爱，不等同于父母之爱，不等同于朋友之爱，而是一种肩负国家使命的爱，是一种负责任的爱。这就要求教师具备很高的人品素养和人格魅力。我们要求教师给学生发表不同见解的权利，培养光明磊落的少年，而不是畏畏缩缩、人云亦云的人。我校提倡健康、坦诚、无隔阂的互敬互爱的师生关系。尊重学生的人格，呵护学生自主的精神世界，弘扬学生个性，是我校教师恪守的原则，更是我校服务育人、做好一切工作的基础观念。教师的尊重和宽容，为孩子们创造了自由发展的空间。不止一个采访的记者对我们说：“你们学校的学生勇敢、率真、活泼、开朗，什么都不怕，想说什么就说什么。”那是因为我们把培养学生健全的人格、阳光的心态放在了教育的首位。

2. 通过和谐快乐的课堂引导学生享受学习

学生在学校的主要任务是学习，走出校园之后，还要终身学习。因此，我们认为小学阶段最重要的教学任务是让孩子们学会学习，学会享受学习。对学习的兴趣和热爱比成绩本身重要得多。把学习的主动权还给孩子们，努力创设和谐的教学氛围，是他们享受学习、感受快乐的关键。学校的教育

仍然以形式多样的课堂教学为主体，学生也最容易从课堂教育得益，促成自身发展。

(1) 创设和谐的教学氛围。我们非常重视发扬教学民主，把课堂教学变成师生共同探讨，共同受益的过程。在我们的课堂上，学生可以畅所欲言地提出不懂的问题、不同的看法；可以收集各种资料论证自己的观点；可以自由平等地与老师讨论，甚至辩论。民主、平等、和谐的课堂气氛，保护了孩子求知的积极性，点燃了孩子们创造的火花。我们的老师为了调动孩子们参与学习的积极性，经常“放下身段”，转换角色。

(2) 坚持课堂与生活实际相联系。让生活走进课堂，让课堂走向生活，实现学习与生活实际的和谐统一 。在反思批判填鸭式的课堂教学、铺天盖地的题海战、学生机械性背诵等一系列传统教育弊端的基础上，我们不断深化改革，打破传统的教学方法，敢于作新的尝试。既重视双基的教学，更着重于学生各种能力和情感、态度、价值观的培养，努力地与学生生活实际相结合。课堂教学贴近学生的生活，冲破了课堂的狭窄空间，学生增长了见识、开阔了视野、拓展了思维。

(3) 鼓励思维的独特性。思维的独特性表现在观点新颖、别出心裁，能打破常规、冲破定式，不受习惯性思维及习惯势力约束。独到的见解属于创造性思维，创造的实质就是求异标新。我们在教学中鼓励学生质疑问难，允许他们别出心裁，用前所未有的角度去观察事物之间的差异，大胆提出不同见解。

(4) 在教学过程中积极引导想象。想象也是一种创造思维，具有创新的内涵和特质。例如在语文教学中，我们尽量唤起学生头脑中储备的有关表象，引导他们或延伸故事情节，或补充课文内容，或深化文章主题，从而加速他们由再造想象向创造想象的转化。

(5) 课堂是师生真情互动的演播场。我们的教师努力成为最好的“主持人”，通过自己的真情感染学生，调动学生思考、表达、参与、感动、享受学习的热情。

(6) 课堂教学要使每个孩子受到激励。和谐教学体现在对课堂效果的追求上。我们认为教师在课堂上最大的成功是激发全体学生的求知欲望和学习兴趣。教师的眼睛要看到每一个学生，教师的语言要激励每一个学生。引导他们在主动的参与、积极的研讨中寻求答案，尽情地展示自己的才能，充分地表达自己的思想，勇敢地阐述自己的观点，真诚地表露自己的感情。教师要从每个孩子的回答中发现他的闪光点，既要表扬学习好的孩子，更要鼓励和欣赏学习一般的孩子。

(7) 改革评价方法。我校改革了传统的期末评价方法，结束了“一张试卷定终身”的时代。如语文分成朗读、查字典、口语交际、基础知识、阅读、作文六部分内容进行考查，分值各为5％、5％、10％、20％、20％、40％，分四次进行考试，这样不仅可以对学生进行多种能力的综合评定，对教学起到导向作用，而且缓解了师生期末的压力。再如数学考试，我校配合三层次教学，实行三层次弹性评价制。考卷按难易程度分A、B、C三级，基础题、能力题、提高题按不同比例搭配。学生根据自己的实力，自主地选择试卷。这样做给予了学生自主选择的机会，培养了学生自我评估能力，给每个学生以体验成功的机会，使之在愉悦的状态下参加考试。四年来，各班从未公布学生的考试名次，学校从不公布每个班的成绩排队。宽松、民主、自由的评价方法，让每个付出了努力的孩子体验到成功的快乐，发现自己的潜能。

(8) 校本课程拓展了学生和谐发展的空间。在教改中，我们以校本教研为起点，校本培训为中介，将校本管理贯穿始终，努力开发校本课程，并以此为落脚点，促进教师和学生的共同发展。从1984年起，我校教师编写的《LOGO语言》《QBASIC语言》和《小学信息技术》一直是学生信息课使用的校本教材；目前，从时代对人的信息素养的更高要求出发，我们正与清华大学出版社合作编辑开发WPS系列学生教材。2005年，重点开发具有我校特色的乐高机器人系列教材和电子制作系列教材。特别是多年来我校开展的“三层次数学教学试验”是“人人学有价值的数学，人人都能获得必需的数学，不同的人在数学上得到不同的发展”这一《数学课程标准》基本理念的最好体现。所谓“三层次”，一是作为基础的数学课堂教学，满足所有学生的需求，使全体学生达到教学的基本要求；二是数学思维训练，满足部分学生要求，进行专项的数学思维能力培养；三是数学兴趣小组，满足少数学生的需要，进行奥林匹克数学知识的集中学习。后两个层次使用我校教师编写的校本课程教材《小学数学思维训练》和《北大奥数少年》。校本课程的开发促使教师始终在研究、探索的状态下工作，用心思考，使教学顺应社会的发展和学生的呼唤。

3. 以美育德的特色促进学生全面和谐的发展。

长期以来，北大附小坚持以美育德的德育传统，五年来这一传统得以发扬光大。

（1）营造了快乐和谐发展的育人氛围。

新的教学楼突出了“长廊文化”。

“科技长廊”：再现了附小师生积极参与科技实践活动的场景，把孩子们带进了无限的遐思妙想中，激发了学生科技探究的兴趣和自豪感，激励北大少年不畏艰险、勇于创新、志在科学的信心与勇气，以及对人类与自然和谐统一的美好憧憬。

“艺术长廊”：展示了孩子们自己的艺术作品，书法、国画、水彩、剪纸、蜡染、脸谱……形式丰富、异彩纷呈、充满童趣，吸引着更多的孩子参与到艺术活动之中。

“德育长廊”：我校的传统壁画《四育赋》色彩绚丽、图文并茂，生动展现了我校学生德、智、体、美全面发展的风采以及开展传统特色活动的场景。《乳燕初飞》大型立粉壁画把北京大学、北大附小的自然环境、人文环境及“乳燕初飞”的深刻寓意都精心浓缩于这一方画面之中，揭示了我校校歌的主题：“未名湖畔，朝霞石旁；紫燕喃喃，书声琅琅。啊！北大少年，快乐成长，沐浴温暖的光芒。啊！乳燕初飞，向着蓝天，展开理想的翅膀。”南楼的“赏校园”“赞北京”“爱中华”“瞰世界”更体现了北大附小学生的成长之路——热爱附小，做优秀的北大少年；热爱首都，做文明的北京人；热爱祖国，做堂堂正正的中国人；热爱世界，做视野开阔的国际人。四个楼层的设计既相对独立又紧密相连、层层提升，表现了对“如何做人”“做什么样的人”的新思考、新追求。

“校园十三景”——奇石萌发、南极标赞、生态学堂、励志箴言、古松情深、红廊花架、百草嬉戏、五色沃土、水墨柽柳、翦老故居、王家花园、放飞理想、书山有路，把赏校园、爱附小的教育融于文化熏陶和感悟之中。

高品位的校园文化，让师生们和谐相处，共享幸福，成为师生们心灵归依的“生态花园”“精神家园”和“文化乐园”，从而达到一种“无为而治”的至高境界。

（2）丰富多彩的学生活动促进了学生的全面和谐发展。

北大附小一直致力于传授艺术、文学、音乐等表达人们崇高愿望的人文知识，塑造每个人潜在拥有的人文精神。我校有多项传统的群众文体活动。近五年，我校举办了“大红绸舞起来”“花枝俏”两次大型演出。演出中没有一个学生是纯粹的观众，台上台下你唱我应，人人参与，个个展示。2004年六一，我校在北大礼堂隆重举办“大红绸舞起来”综艺会演，全国人大常委会副委员长、全国妇联主席顾秀莲等领导参加了我们的活动，并亲自接受了附小孩子为“献给西部母亲水窖工程”捐赠的7万余元。大会从始至终，台上台下两千多师生互动，全场沉浸在洋溢的激情中。顾主席拉着校长的手久久不放，激动地说：“没有想到活动规模这样大，节目这样好，北大附小这样出色。”我们的演出在中国教育电视台全程播出，凤凰卫视、北京电视台和多家报纸纷纷报道。

我校50多个兴趣小组，吸纳了全校多数学生，保证了学生全面发展与学有特长的和谐。三朵民族艺术的“小花”——民歌合唱团、民族舞蹈团、娃娃京剧团不仅多次在全国获奖，而且走出国门，在奥地利、俄罗斯、法国、日本、新加坡、美国、新西兰等国家演出，成为中华民族文化的传播者。“诵千古美文，做少年君子”，古诗文诵读活动在全校开展多年，每个学生都是古诗文诵读团的成员。学校多次被授予“全国诵读中华古诗文示范校”称号。

科技活动是我校的一道亮丽风景。代表现代科技发展的电脑机器人、计算机、电子制作、车模、航模、无线电测向等活动开展得有声有色，多次代表北京市参加国际大赛并获得金奖。

我校的棒球、篮球、武术等课外小组也是虎虎有生气，多次赴外交流。

北大附小网站在师生们的共同努力下，已成为一道靓丽的风景线，深得学生与家长的喜爱。温家宝总理到我校视察时，也对网站给予了充分的肯定。网站现已成为“中国少年儿童信息研究基地”的示范窗口，并获得“北京市优秀网站”的光荣称号。

多种活动的开展，为孩子们打开了多彩的学习生活的大门。他们在获得独特的个性发展的同时，还在潜移默化中接受人文思想的陶冶，丰富了自己的情感世界。我们相信，小学时代形成的兴趣特长，必将对孩子们今后的人生发展之路产生重大影响。

4. 中西结合，博采众长

我校树立了国际化的新型办学理念，吸收多元文化丰富自我，并以人性化的管理和创新的体制改革把学校建成了真正的兼容并包的文化交流基地。目前，学校已与美国、加拿大、日本、新加坡、韩国等国家的小学建立了姐妹校关系，双方定期进行互访。至今，已有几百名学生足迹遍及美国、奥地利、俄罗斯、法国、加拿大、英国、北爱尔兰、新西兰、日本、新加坡、韩国等国家。通过交流，学生们了解了世界，开阔了视野，培养了地球公民的意识。强化了运用语言的能力，进而激发了他们努力学习，积极进取的精神，而学校则从对外交流中积极与国际接轨，逐渐走上了国际化办学的道路并取得了良好的成效。

总之，尊重孩子，理解孩子，舒张其自由，鼓动其求知，赞赏其创造，促进其成长。我们所做的一切，都是为了给孩子们的和谐发展开辟一方更广阔的蓝天。

五、不畏劳苦勤耕作，春风桃李竞芳菲

五年时间不算太长，但其间我们付出的艰辛与汗水是难以备述的。今天，我们回顾4年的风雨历程，可以引以为豪的是我们没有虚度光阴，我们取得了令人瞩目的成绩。我们愿意将这些成绩作为“更上一层楼”的推动力量。

六、金无足赤留遗憾，而今迈步从头越

尽管学校在这五年中取得了长足的发展，但还有许多不尽人意的地方。首先，学校的整体规划还未完全落实到位，还需不断完善校园环境与学校育人理念的紧密结合。与学校硬件建设同等重要的是学校的软环境建设，一批优秀的教师需脱颖而出，目前学校存在有“高原”缺“高峰”、名师不名的问题。由于近几年学校在进行整体规划和改造，遵照教育部红头文件规定所有经费自筹，这使得我校教育资金严重匮乏。面对人民群众对优质教育不断增长的需求，学校管理水平、教师业务水平需不断提高。

“雄关漫道真如铁，而今迈步从头越。”新的学年即将开始了，一切成绩都已经成为校史的积淀，一切拼搏都付与昨日的辉煌。我们面对着新的起点，新的考验。北大附小人一定会保持快乐和谐的心态，振奋开拓向上的精神，投入脚踏实地的努力，为孩子们、为中国的教育事业再展宏图！